DOCUMENTS OFFICIELS

RELATIFS A LA LOI DU 26 JUIN 1861

SUR LES

PENSIONS DE L'ARMÉE DE MER

EXTRAIT DE LA *REVUE MARITIME ET COLONIALE*
(SEPTEMBRE 1861)

PARIS

LIBRAIRIE CHALLAMEL AÎNÉ

30, RUE DES BOULANGERS

—

1861

F

LOI

SUR LES

PENSIONS DE L'ARMÉE DE MER.

RAPPORT ET DISCUSSION AU CORPS LÉGISLATIF.

EXTRAIT DE LA *REVUE MARITIME ET COLONIALE*

(SEPTEMBRE 1861)

**1° Rapport fait au nom de la commission[1] chargée d'exa-
miner le projet tendant à modifier la loi du 18 avril
1831, sur les pensions de l'armée de mer, par M. le
vicomte Reille, député au Corps législatif.**

Messieurs,

Vous avez été saisis simultanément de deux projets tendant à modifier les lois des 11 et 18 avril 1831 sur les pensions des armées de terre et de mer. L'examen de ces projets, conçus dans un même esprit et répondant à une même
pensée, a été confié par vous à une seule commission : elle
a décidé que deux rapports vous seraient faits. Nous avons
l'honneur de vous rendre compte de ses travaux en ce qui

---

1. Cette commission était composée de MM. le général Meslin, *président;*
le vicomte Reille et le baron Beauverger, *secrétaires;* le général Parchappe,
le comte de Tromelin, Coulaux, le général Dautheville, Duplan, Conseil,
le vicomte Clary, Roy-Bry, le marquis de Taurine, le colonel Du Marais,
Voruz, le vicomte de Kervéguen, le comte de Las-Cases, le général Lebreton, Rigaud.

Les conseillers d'État, commissaires du gouvernement, chargés de soutenir la discussion du projet de loi, sont MM. le général Allard, président
de section, Chassériau et Dupuy de Lôme, conseillers d'État.

1

concerne l'armée de mer; mais nous dirons tout d'abord que nous ne croyons pas devoir reproduire devant vous, avec tout le développement qu'elles comporteraient, les considérations générales communes aux deux lois. Notre honorable collègue, le général Dautheville, les a exposées d'une manière si complète et si nette dans son rapport sur le projet de terre, que nous nous bornerons à en présenter une analyse succincte, nous réservant d'insister plus particulièrement sur les conditions spéciales à la marine.

Réglé, pour la première fois, par la loi de 1790, le droit à une pension de retraite resta sous le régime des décrets et des ordonnances jusqu'en 1831, époque à laquelle une législation complète sur la matière fut établie, après avoir subi dans les deux chambres les épreuves d'une discussion longue et approfondie. Cette législation est encore en vigueur aujourd'hui, et le projet qui vous est soumis n'a nullement pour but d'en modifier les bases, dont une longue expérience a permis de reconnaître l'équité, mais seulement d'élever des tarifs que le renchérissement progressif de toutes les choses nécessaires à la vie a rendus tout à fait insuffisants. Depuis plusieurs années, les mêmes raisons vous ont fait augmenter la plupart des traitements à mesure que les ressources financières du pays l'ont permis, et vous ne sauriez maintenir stationnaire le taux des pensions qui sont la juste récompense, et souvent la seule ressource d'hommes qui, pendant une grande partie de leur vie, se sont consacrés au service de l'État. Cette dette, juste dans la plus stricte acception du mot, est une conséquence naturelle et des services rendus et du fait des retenues généralement exercées sur les traitements.

Déjà la loi du 21 juin 1856 a amélioré d'une manière notable les retraites des officiers mariniers et des marins; une autre loi du 26 avril de la même année a élevé au double les pensions des veuves des marins tués dans un combat ou morts à l'armée des suites de blessures ou d'événements de guerre. Le projet actuel ne comprendrait donc que les officiers ou assimilés, s'il n'avait paru nécessaire de leur adjoindre un certain nombre d'agents de la marine ou des colonies qui recevaient des pensions d'après des assimilations prononcées par des décrets, quelquefois même par de simples arrêtés ministériels. Cet état de choses occasionnait dans l'application des difficultés que l'inscription au tableau de tous les agents auxquels il doit être appliqué préviendra désormais. La même observation s'applique à une autre catégorie d'agents au-dessous du grade d'officier, tels que les maîtres entretenus des ports, les contre-maîtres, les aides-contre-maîtres et ouvriers inscrits, qui, n'appartenant pas au service militaire actif, ne jouissent pas du bénéfice de la loi du 21 juin 1856. Il a paru juste de le leur accorder, sans toutefois que la nouvelle législation pût les placer dans des conditions meilleures que les officiers mariniers et marins des équipages de la flotte.

Il y avait enfin à régler la position des ecclésiastiques des colonies, question délicate dont la solution devait être cherchée en dehors du droit commun, qui en France ne reconnaît pas aux ministres du culte des droits à la retraite. Le gouvernement avait toujours accordé ce droit aux prêtres coloniaux en raison de la spécialité du service et de la retenue exercée sur leur traitement; il convenait de le maintenir, ne fût-ce que pour favoriser leur recrutement toujours assez difficile.

Votre commission a admis les bases proposées pour l'augmentation des tarifs. Elle s'est seulement préoccupée de leur application dans quelques cas particuliers, et, à la suite de cet examen, elle a dû formuler plusieurs amendements pour établir une harmonie complète dans l'échelle des pensions, en tenant compte soit des assimilations ou des positions, soit des traitements.

L'élévation du maximum accroîtra d'une manière assez sensible de chiffre de la pension accordée aux veuves. Nous n'avons pas besoin d'insister sur l'utilité de cette mesure; elle était vivement désirée et tendra à rendre moins précaire la position des veuves et des orphelins, mais on n'améliorera réellement cette position qu'en exigeant, avant d'autoriser le mariage, la justification complète de l'apport de la femme voulu par les règlements, ou mieux en établissant une législation spéciale qui préviendrait des fraudes souvent trop faciles et assurerait ensuite la conservation de ce faible patrimoine. L'étude d'une question aussi importante mérite toute l'attention du gouvernement, et une solution heureuse sera accueillie par la marine comme une preuve nouvelle de la sollicitude éclairée de ses chefs.

Nous avons maintenant à vous faire connaître quelques dispositions particulières du projet. Outre le renvoi au tableau pour l'application des tarifs, l'article 1er contient une réserve en ce qui concerne la pension maximum des vice-amiraux et des contre-amiraux, ainsi que des fonctionnaires assimilés pour la retraite, inspecteurs généraux du génie maritime, directeurs des constructions navales, ingénieurs hydrographes en chef, commissaires généraux, inspecteurs en chef, inspecteurs généraux et directeurs du service de santé, aumônier en chef et trésorier général des invalides de la marine; ces pensions ne pourront dans aucun cas excéder les traitements correspondants du cadre de réserve. Ainsi disparaîtra l'anomalie produite par l'application uniforme à tous les grades au-dessus de celui de capitaine de l'augmentation adoptée en principe dans le projet, augmentation qui élèverait la retraite d'un officier général au-dessus d'un traitement d'activité. On aurait pu sans doute éviter cette anomalie en augmentant dans une proportion moindre le maximum des vice-amiraux et des contre-amiraux, mais il en serait résulté une réduction correspondante dans les pensions des veuves, dont le tarif est déjà fort modéré, et on a préféré inscrire au projet une réserve qui est en tous points conforme à notre ancienne législation sur la matière.

L'article 20 de la loi du 18 avril 1831, n'établissant aucune distinction entre le cas où la séparation du corps était prononcée au profit du mari et celui où elle était prononcée contre lui, entraînait toujours pour la veuve la perte de ses droits à pension; mais à partir de la loi du 9 juin 1853 sur les pensions civiles, une distinction a été faite, et il a paru juste au gouvernement d'introduire le même principe dans la loi militaire.

Votre commission a voulu toutefois, par un changement de rédaction, rendre encore plus précis le sens de l'article sans en altérer la portée; elle a voulu que la conservation ou la perte des droits de la femme fût déterminée, non par l'introduction d'une instance dont une demande reconventionnelle ou l'examen des faits de la cause peuvent changer le caractère, mais par un jugement rendu à la suite d'un débat qui a permis d'apprécier les droits et la position des parties, ce qui est évidemment plus conforme à l'équité.

Dans ce but, votre commission a proposé de reproduire les termes de l'article 20 de la loi de 1831, en ajoutant, après séparation de corps, les mots : *prononcées contre elle*. L'article 2 serait ainsi rédigé ·

« En cas de séparation de corps prononcée contre elle, la
« veuve d'un officier marin ou autre ne peut prétendre à au-
« cune pension. Les enfants, s'il y en a, sont considérés comme
« orphelins. »

Dans ces termes, la loi ne laisserait aucune incertitude
sur son application, même lorsque la séparation aurait été
prononcée entre les deux parties, le jugement devant alors
entraîner pour la femme la perte de tous ses droits à la
pension.

Le conseil d'État a admis les motifs qui nous avaient portés à modifier l'article 2 du projet, mais il a proposé de le
rédiger ainsi :

« En cas de séparation de corps, la femme contre laquelle
« elle a été admise ne peut prétendre à la pension de veuve.
« En ce cas, les enfants, s'il y en a, sont considérés comme
« orphelins. »

La commission s'est ralliée à cette rédaction.

L'article 3 permettra d'admettre au bénéfice des nouveaux
tarifs toutes les pensions qui ne sont pas encore inscrites au
moment de la promulgation de la loi. On ne pouvait lui donner une plus grande extension sans revenir sur des concessions
qu'il importe à tous égards de regarder comme définitives.
Du reste, nous aurons, dans une autre partie de ce rapport,
à justifier avec plus de détails la nécessité de cette mesure.

L'article 4 forme le complément ordinaire de nos lois en
abrogeant les dispositions contraires de la législation antérieure.

Votre commission a procédé ensuite à un examen détaillé
du tableau qui en réalité forme la partie principale du projet. Elle ne peut qu'applaudir à la pensée qu'a eue le gouvernement de comprendre dans ce tableau, en suivant l'ordre
hiérarchique des grades, tous les agents de la marine et des
colonies qui doivent être retraités par application de la présente loi. On a de plus ajouté des colonnes indiquant les mi-
nima et les maxima augmentés du cinquième en regard des
corps qui sont appelés à jouir de cet accroissement de pension, en vertu de l'article 11 de la loi de 1831. Cette indica-
tion, qui doit faire cesser toute incertitude dans l'application,
a donné lieu à de nombreuses réclamations et à plusieurs
amendements tendant à ce que l'on admette au bénéfice du
cinquième en sus, après douze ans de grade, certains corps
qui jusqu'à présent en sont privés, mais qui, par leur assi-

milation à d'autres plus favorisés, sembleraient y avoir des droits.

L'extension du bénéfice accordé par l'article 11 de la loi de 1831 est une des questions les plus controversées — que votre commission ait eu à traiter. Les avis ont été très partagés, aussi vous devons-nous des explications d'autant plus complètes sur les motifs qui ont déterminé la majorité à ne pas modifier le projet du gouvernement.

L'augmentation de la retraite, après un certain nombre d'années de grade, fut accordée d'abord aux officiers des armes spéciales comme compensation à la lenteur que la constitution de ces corps apportait à l'avancement. Ce bénéfice devint ensuite le privilège des corps *royaux* : il donnait droit à la retraite du grade supérieur qu'on pouvait en même temps obtenir à titre *honoraire*. La loi de 1831, conçue dans un esprit d'égalité parfaite entre les corps militaires, accorda à tout officier, sous-officier, quartier-maître ou caporal, le droit à un cinquième en sus après douze ans d'activité dans son grade. Ce droit fut ensuite étendu par assimilation aux officiers de santé et d'administration qui, appelés ou pouvant être appelés à naviguer comme les marins, devaient être admis à jouir des mêmes avantages, puisqu'ils partageaient les mêmes dangers. En un mot, la jurisprudence a toujours tendu à restreindre le bénéfice de l'article 11 aux corps militants ou naviguants; toutefois nous sommes loin de prétendre que, dans la pratique, cette réserve ait été appliquée d'une manière bien rigoureuse et qu'elle détermine une limite parfaitement tranchée. Une telle extension n'eût-elle pas été complétement dans la pensée des auteurs de la loi de 1831, elle n'en constitue pas moins des droits acquis que nous ne nous proposons nullement de mettre en question; mais donner une extension nouvelle en se basant sur des assimilations à des employés qui eux-mêmes n'ont pu prétendre au bénéfice que par une assimilation, serait certainement dépasser le but que s'est proposé le législateur de 1831. On invoquerait vainement l'exemple de ce qui se passe dans l'armée de terre; tous les militaires ou assimilés portés au tableau peuvent être appelés à un service de campagne et ont conséquemment droit au bénéfice de l'article 11. Le projet de loi accorde la même faveur aux corps naviguants, mais il la refuse aux employés qui ont des fonctions purement sédentaires, nous pourrions presque dire civiles.

Telle est la distinction que le conseil d'État, d'accord avec le département de la marine, a toujours maintenue et que votre commission vous propose encore de maintenir en approuvant le tableau tel qu'il vous est présenté.

Il s'élevait sur ce sujet une autre question que nous devons mentionner dans ce rapport, afin de bien établir la pensée de la commission. Le paragraphe 3 de l'article 1er de la loi de 1831, assimilant aux marins les individus des autres corps de la marine qui réunissent ou six ans de navigation sur les vaisseaux de l'État ou neuf ans tant de navigation sur lesdits vaisseaux que de service aux colonies, on en avait tiré la conséquence que cette assimilation admettait au bénéfice de l'article 11 des individus appartenant à des corps non naviguants, mais ayant rempli, avant d'entrer dans ces corps, les conditions précitées de navigation ou de séjour aux colonies. Le conseil d'État avait admis cette interprétation. Nous pensons, d'accord avec MM. les commissaires du Gouvernement, que désormais le fonctionnaire doit subir les conditions du corps auquel il appartient au moment de son admission à la retraite, ses services à la mer ou dans les colonies pouvant seulement abréger pour lui le temps exigé pour cette retraite, sans qu'il y ait lieu d'en étendre la portée à l'article 11 qui ne traite que d'un bénéfice essentiellement militaire. C'est dans ce sens que devra être appliqué à l'avenir le paragraphe 3 de l'article 1er de la loi du 18 avril 1831.

Nous avons pensé qu'il était nécessaire de mentionner les sous-ingénieurs et les élèves ingénieurs hydrographes, avec les sous-ingénieurs de la marine et les élèves du génie maritime, ainsi qu'on l'avait fait pour les ingénieurs de première et de deuxième classe, l'assimilation entre les officiers des deux corps étant complète. Cette rectification a été adoptée par le conseil d'État.

La commission a remarqué dans le corps des officiers de santé deux anomalies sur lesquelles elle a appelé l'attention de MM. les commissaires du Gouvernement. La première est un maximum plus élevé que celui du capitaine de vaisseau pour le premier officier de santé en chef, qui cependant est assimilé à ce grade. La seconde est la concession de la retraite de capitaine de corvette à l'officier de santé de première classe assimilé au lieutenant de vaisseau. Ces deux anomalies, reproduites du tableau de la loi de 1831 et que l'organisation du corps des officiers de santé à cette époque

pouvait justifier, n'avaient plus de raison d'être dans sa constitution actuelle. Votre commission a donc demandé l'application à ces officiers de la retraite du grade auquel ils sont
assimilés par le décret de 1854.

Votre commission a demandé également que les commissaires rapporteurs de Lorient et de Cherbourg reçussent la
pension de capitaine de corvette au lieu de celle de lieutenant de vaisseau, la première étant plus en harmonie avec
leurs traitements et l'importance de leurs fonctions; les commissaires rapporteurs des trois autres ports sont en effet
assimilés aux capitaines de vaisseau pour le taux de la
retraite.

Le conseil d'État a adopté ces diverses modifications, mais
en y ajoutant la disposition transitoire suivante qui prendrait place à la fin du projet de loi :

« Les officiers de santé de première classe, déjà pourvus
« de ce grade à l'époque de la promulgation de la présente
« loi, auxquels le tarif annexé à la loi du 18 avril 1831 attri-
« buait la pension de retraite de capitaine de corvette, con-
« serveront ce droit en cas d'admission à la retraite. »

Votre commission ne saurait élever aucune objection
contre cette disposition qui laissera des officiers bien méri-
tants en possession d'un avantage concédé par la législation
antérieure et auquel ils ont, jusqu'à un certain point, des
droits acquis. Toutefois, il a été entendu avec MM. les commissaires du Gouvernement que, dès à présent, les services
accomplis dans les grades de chirurgien principal et d'officier de santé de première classe demeureraient complètement séparés pour l'application de l'article 11 de la loi
de 1831.

Une observation a été faite sur l'écart de deux grades qui
existe au tableau entre les retraites des chefs de service des
établissements secondaires de l'Inde; mais, d'après les renseignements qui nous ont été fournis par MM. les commissaires
du Gouvernement, cette fixation est proportionnée aux traitements et conforme aux décrets d'organisation; nous n'avons
donc pas cru qu'il y eût lieu de la modifier.

L'honorable M. de Kervéguen avait proposé d'assimiler les
écrivains des divers services de première classe aux maîtres
entretenus et aux conducteurs de travaux, au-dessous de
1500 fr., afin d'améliorer la pension d'agents dont la carrière est pour la plupart d'entre eux extrêmement bornée.

S'associant à cette pensée bienveillante, votre commission avait demandé pour les écrivains jouissant d'un traitement de 900 fr. et au-dessus, que la pension fût fixée à 600 fr. au minimum et à 800 fr. au maximum. Le conseil d'État n'a pas accueilli cet amendement, parce que les écrivains étant, par les décrets d'organisation, assimilés aux contre-maîtres et aux aides contre-maîtres, leur accorder une pension supérieure créerait une inégalité que ne motiverait d'ailleurs aucune condition exceptionnelle de leur service.

Les premiers maîtres et maîtres des équipages de la flotte, ainsi que les capitaines d'armes de première et de deuxième classe, au tableau annexé à la loi de 1831, étaient implicitement compris sous la désignation de *maîtres entretenus au-dessous de* 1500 fr. Depuis, ils avaient été admis au bénéfice de la loi du 21 juin 1856, qui avait augmenté de 165 fr. le minimum et le maximum de leur pension. Mais le projet actuel portant les maîtres entretenus au-dessous de 1500 fr. à un taux un peu supérieur, il convenait de maintenir les maîtres naviguants dans cette catégorie afin de ne pas les laisser dans une condition inférieure. Nous conformant en cela aux intentions exprimées dans l'exposé des motifs, nous avons demandé de maintenir ces officiers mariniers avec les maîtres entretenus au-dessous de 1500 fr. Le conseil d'État a accepté cette proposition en ce qui concerne les premiers maîtres et les capitaines d'armes. Quant aux maîtres, ils continueront à être retraités d'après les tarifs de la loi de 1831, bonifiés par celle de 1856, cette différence de traitement correspondant à celle qui existe dans la solde de ces officiers mariniers. Le conseil d'État a en outre adjoint les maîtres mécaniciens embarquants, à la classe supérieure des maîtres entretenus, afin d'assurer l'exécution complète de la pensée qui avait dicté l'amendement.

Les colonnes 4 et 5 du tableau annexé à la loi du 18 avril 1831, reproduites dans le projet avec l'augmentation proportionnelle qui a été adoptée pour l'établissement des nouveaux tarifs, indiquent le taux des pensions accordées en exécution de l'article 15 : la quatrième colonne, pour le cas de cécité ou d'amputation de deux membres, la cinquième pour l'amputation d'un membre ou la perte absolue de l'usage de deux membres. Dans les deux cas, quelle que soit la durée des services, la pension est du maximum dévolu au grade, augmenté seulement au tarif de la colonne quatre de 50 fr. pour

le second maître ou contre-maître, de 60 fr. pour l'aide et le
quartier-maître, et de 65 fr. pour le matelot, le novice et le
mousse, en vertu de l'article 33 de la loi du 28 fructidor
an VII. A part cette exception, les tarifs des deux colonnes
sont identiquement les mêmes. Cependant la position d'un
homme qui a complétement perdu la vue ou subi l'amputation de deux membres est bien différente de celle d'un
homme qui n'a perdu qu'un membre. Dans le premier cas, le
malheureux mutilé a besoin presque incessamment d'un
secours étranger, et il ne peut l'obtenir qu'à l'aide de sacrifices souvent hors de proportion avec ses ressources.

L'honorable M. Picard, pour modifier cet état de choses,
nous a proposé un amendement tendant à augmenter de
30 pour 100 les tarifs de la quatrième colonne, et de 20 pour
100 ceux de la cinquième. Votre commission, en admettant
le principe d'une surélévation parfaitement motivée par la
gravité des blessures, a pensé qu'il devait s'appliquer seulement à la quatrième colonne, mais que, dans ce cas, il devait
comprendre aussi bien que les officiers, les officiers mariniers
et marins; elle a, en conséquence, maintenu pour la cinquième colonne les fixations du projet, et demandé qu'à la
quatrième colonne le maximum du grade fût augmenté de
20 pour 100 pour les officiers et de 30 pour 100 pour les officiers mariniers et marins. Toutefois, ces derniers étant retraités en vertu de la loi du 21 juin 1856, la commission, pour
leur rendre applicable cette disposition bienveillante, n'a pu
se borner à une simple modification des chiffres du tableau,
et elle a dû formuler un article nouveau prenant place à la
fin du projet.

Article 5 (nouveau) :

« Pour la cécité ou l'amputation de deux membres, la pen-
« sion sera du maximum dévolu au grade, augmenté de
« 20 pour 100 pour les officiers, et de 30 pour 100 pour les
« officiers mariniers et marins ou assimilés.

« Le supplément de pension accordé aux officiers mariniers
« et marins par l'article 33 de la loi du 28 fructidor an VII,
« se confondra avec l'augmentation ci-dessus. »

Le conseil d'État a admis le principe de notre amendement,
mais il a proposé de le rédiger de la manière suivante, afin
d'éviter toute incertitude sur son interprétation :

« Pour l'amputation d'un membre ou la perte absolue de
« l'usage de deux membres, les officiers, officiers mariniers,

« assimilés et autres agents du département de la marine et
« des colonies reçoivent le maximum de la pension qui
« leur est attribuée par la présente loi ou par la loi du
« 21 juin 1856.

« En cas d'amputation de deux membres ou de perte totale
« de la vue, ce maximum est augmenté de 20 pour 100 pour
« les officiers et fonctionnaires assimilés compris dans la pre-
« mière section du tarif annexé à la présente loi, et de 30
« pour 100 pour les marins et autres assimilés dont les pen-
« sions sont régies par la loi du 21 juin 1856, ainsi que
« pour les agents compris dans la deuxième section du tarif
« ci-dessus.

« Dans cette dernière augmentation de 30 pour 100 se
« trouve compris le supplément alloué par l'article 33 de la
« loi du 28 fructidor an VII. »

Nous avons encore à vous entretenir de deux dispositions
additionnelles qu'il nous avait paru désirable d'introduire dans
le projet. La première avait pour but de mettre sur un pied
de parfaite égalité, quant aux bénéfices de campagne, les
militaires et les marins qui concourent à une même expédition, quand ces derniers sont débarqués d'une manière per-
manente pour servir d'auxiliaire aux troupes de l'armée de
terre ou de la marine, comme cela a eu lieu tout dernière-
ment en Chine et en Cochinchine. Dans des expéditions de ce
genre, les militaires, en vertu de l'article 7 de la loi du
11 avril 1831, comptent la campagne double, tandis que,
pour les marins, elle reste toujours simple. Dans la pratique,
la jurisprudence adoptée par le ministère de la marine a
fait disparaître plus d'une fois une inégalité aussi choquante
et on a accordé aux marins le bénéfice de l'assimilation aux
militaires. Votre commission avait voulu consacrer par la loi
cette jurisprudence, mais n'entendant pas soustraire les marins aux règles adoptées dans l'arme pour la supputation des
services de campagne, elle avait spécifié que cette supputation serait faite, même dans le cas d'assimilation aux troupes,
conformément à l'article 8 de la loi de 1831.

Nous avons eu le regret de ne pouvoir faire partager nos
convictions à MM. les membres du conseil d'État et de voir
rejeter l'article additionnel suivant que nous avions proposé :

« Les officiers, officiers mariniers et marins appelés en
« temps de guerre à servir à terre conjointement avec des
« troupes de l'armée de terre ou de la marine, seront admis

« à compter les bénéfices de campagne d'après les règles éta-
« blies pour lesdites troupes, pourvu que la durée de leur
« séjour à terre ait été de dix jours au moins, mais en conti-
« nuant à se conformer, pour la supputation de ces bénéfices,
« aux prescriptions de l'article 8 de la loi du 18 avril 1831. »

Cette disposition continuera donc à rester dans le domaine de l'interprétation éclairée par l'équité.

Par la seconde disposition, votre commission a voulu rendre aux aumôniers de la flotte un avantage que leur avait accordé l'ordonnance du 8 janvier 1823, en réduisant à vingt ans la durée des services effectifs exigés d'eux pour avoir droit à la retraite. Cette exception est pleinement justifiée par les conditions dans lesquelles ces ecclésiastiques entrent au service de la marine. Ordonnés prêtres à vingt-cinq ans, selon les prescriptions canoniques, ils ont besoin d'avoir acquis une certaine expérience de leur ministère avant que l'on puisse les appeler à l'exercer utilement sur un navire, où ils sont complètement livrés à eux-mêmes, loin de toute direction de leurs chefs spirituels. Il est donc nécessaire, au point de vue même de la conservation de leur autorité morale sur les équipages, qu'ils ne soient pas embarqués trop jeunes. Admettant que les aumôniers aient trente ans quand ils sont admis dans le corps, et l'expérience prouve que généralement ils sont même plus âgés, ils seraient obligés de naviguer jusqu'à l'âge de cinquante-cinq ans pour avoir droit à la retraite, condition à peu près impossible à remplir pour des hommes qui sont presque constamment à la mer et dont bien peu ont la faculté de compléter, dans des postes à terre, le temps de service exigé d'eux. Ces postes, fort peu nombreux du reste, ayant été maintenus sous la juridiction des ordinaires, la désignation des titulaires appartient aux évêques diocésains qui n'ont jamais désigné et ne désigneront jamais pour les remplir que des ecclésiastiques de leurs diocèses.

Pour nous guider dans la voie d'amélioration équitable où nous voulions entrer, nous n'avons eu qu'à reproduire les dispositions de la législation antérieure; mais il nous a paru juste d'en étendre l'application au clergé des colonies, qui est également placé dans des conditions tout à fait exceptionnelles : l'exercice des fonctions sacerdotales dans la métropole ne conférant pas de droits à la retraite, il s'ensuit que les prêtres coloniaux sont obligés de les acquérir par un séjour continu dans un climat auquel peu de constitutions peuvent résister aussi longtemps. Leur situation ne nous a pas paru pouvoir être assimilée entièrement à celle des autres fonctionnaires civils envoyés d'Europe, et il est d'un grand intérêt pour le gouvernement d'augmenter par quelques avantages les chances d'un bon recrutement. Nous avons, du reste, pour ces ecclésiastiques, comme pour les aumôniers, subordonné la réduction du temps de service à des conditions de navigation ou de séjour aux colonies qui lui conservent le caractère de la plus stricte équité.

L'amendement était ainsi conçu :

« Le droit à la pension de retraite est acquis pour les au-
« môniers de la flotte et les ecclésiastiques attachés au ser-
« vice des colonies, à vingt ans accomplis de services effectifs,
« pourvu qu'ils comptent dix ans de navigation sur les vais-
« seaux de l'État, ou quinze ans, tant de navigation sur lesdits
« vaisseaux que de service dans les colonies, mais dans aucun
« cas le service des colonies ne motivera de réduction sur la
« durée légale des services que pour les individus envoyés
« d'Europe. »

Le conseil d'État a admis le principe de l'amendement en fixant à vingt et un ans la durée minimum des services, et en élevant à douze ans le temps de navigation nécessaire pour avoir droit à cet avantage. Il a voulu d'ailleurs le réserver aux seuls aumôniers et ne pas faire entrer en ligne de compte les services coloniaux en dehors des termes mêmes de la loi de 1831.

L'article serait rédigé en ces termes :

« Le droit à la pension de retraite demeure acquis aux au-
« môniers de la flotte d'après les dispositions de l'article 1er de
« la loi du 18 avril 1831.

« Toutefois, ils auront droit à ladite pension à vingt et un ans de « services effectifs, s'ils comptent douze ans de navigation sur les « bâtiments de l'État. »

Vous ayant fait connaître ainsi les conditions générales du projet, les modifications que nous avons cru devoir y apporter, il ne nous reste plus qu'à vous entretenir des nombreux amendements qui nous ont été présentés par plusieurs de nos honorables collègues. Ces amendements ont été, de la part de votre commission, l'objet d'un examen approfondi, et nous vous devons compte des motifs qui ont dicté sa décision sur chacun d'eux. Nous commencerons par ceux dont l'application est commune aux deux lois.

Le général Lebreton a proposé d'ajouter au projet un article ainsi conçu :

Article 5. — « Les dispositions de la présente loi seront appliquées à toutes les pensions inscrites au livre de la dette « publique antérieurement à l'ordonnance du 10 octobre 1829, « confirmée par la loi du 11 avril 1831. »

Bien que, d'après le texte même de l'amendement, l'auteur en ait limité l'application aux pensions de l'armée de terre, il serait impossible d'en refuser le bénéfice aux marins retraités dans les mêmes conditions. Aussi nous croyons devoir le mentionner dans ce rapport et vous rappeler les motifs qui n'ont pas permis à la commission d'en proposer l'adoption au conseil d'État. Nous n'aurions pu en effet accueillir la proposition de notre honorable collègue sans imposer au budget une charge dont aucune donnée certaine ne nous permettait de mesurer l'étendue, et, en adoptant le principe de la révision pour les pensions liquidées d'après les tarifs en vigueur avant 1829, nous étions logiquement conduits à étendre le même bénéfice à toutes les pensions. Cette révision immédiate eût occasionné une dépense qu'on ne saurait évaluer à moins de 10 millions pour les deux armées, dépense qui modifierait de la manière la plus fâcheuse les prévisions du budget. Faite successivement au moyen d'un crédit annuel affecté expressément à cette destination, la révision eût présenté le même inconvénient, ou bien elle eût créé, dans des situations dignes du même intérêt, les inégalités les plus regrettables. Il importe d'ailleurs de maintenir intact ce grand principe d'ordre public, que l'État est libéré de ses engagements envers ses anciens serviteurs lorsque leur pension, liquidée conformément à la législation en vigueur, a été inscrite au grand-livre de la dette publique. Cette concession doit être regardée comme définitive et irrévocable, et nous ne saurions admettre que l'on puisse la modifier, même pour améliorer, sans porter la plus grave atteinte aux droits des parties comme au crédit de l'État, dont la base la plus solide sera toujours la fixité des engagements.

Ces considérations n'ont pas permis à votre commission, malgré la sympathie qui s'attache toujours aux anciens militaires et à leurs veuves, d'accueillir l'amendement du général Lebreton. Elle n'a pas cru non plus devoir adopter l'amendement suivant présenté par le comte Napoléon de Champagny, pour remplacer l'article 3 du projet :

« Les dispositions de la présente loi seront appliquées à
« tous les droits acquis et à tous les services continués depuis
« le 1ᵉʳ avril 1861 inclusivement. »

Cet amendement tendrait à restreindre aux pensions mises
en liquidation depuis le 1ᵉʳ avril dernier le bénéfice du nouveau tarif. Ainsi que nous venons de le dire, si l'État doit être
libéré de ses engagements par l'inscription de la pension, acte
ayant date certaine puisqu'il résulte d'un décret inséré au
Bulletin des lois, on ne saurait donner la même portée à la
décision qui admet un marin à faire valoir ses droits à la retraite. Pendant le temps souvent fort long que dure la liquidation, il ne cesse pas d'appartenir au service actif, et il n'y
a aucune raison pour lui refuser l'application d'une législation nouvelle quand elle doit lui profiter.

Amendement proposé par M. le colonel Réguis :

« A l'avenir, les veuves des officiers et des assimilés des ar-
« mées de terre et de mer jouiront d'une pension de retraite
« égale au tiers de la retraite maximum attribuée par la pré-
« sente loi au grade de leur mari au lieu du quart qu'elles
« avaient eu jusqu'à présent.

« Afin que cette modification soit le moins possible oné-
« reuse à l'État, les retraites affectées aux divers grades par
« la présente loi recevront une légère diminution et seront
« conformes au tableau ci-joint[1]. Celui pour l'armée de mer
« serait en tout conforme à celui de l'armée de terre. »

L'honorable colonel a invoqué à l'appui de sa proposition
l'insuffisance des pensions accordées aux veuves d'après la
base établie par la loi de 1831 et maintenue dans le projet
actuel, eu égard à leur position sociale et en comparant le
tarif de la loi militaire à celui de la loi sur les pensions civiles.

Quant à la seconde disposition de l'amendement, elle n'a
d'autre but que d'atténuer les conséquences financières de la
première.

Ces deux propositions modifiant profondément les conditions du projet au profit des veuves dont le droit à la pension
résulte seulement de la réversibilité des droits acquis par le
mari, leur adoption serait jusqu'à un certain point opposée

---

1. Nous n'avons pas cru devoir reproduire ici ce tableau, dont les conditions principales sont mentionnées dans le rapport de M. le général Dautheville sur le projet de l'armée de terre.

aux principes qui ont été invoqués pour reviser dans un sens plus libéral la loi de 1831. Aussi votre commission n'a-t-elle pas cru devoir s'associer à cette mesure.

Amendements présentés par MM. le vicomte Clary, le colonel Hennocque et F. de Monnecove :

« Les militaires retraités en vertu de la présente loi, et ap-« pelés ensuite à des fonctions civiles, ne pourront cumuler « leur pension avec leur emploi, à moins que ces avantages « ne dépassent pas la moitié de leur retraite.

« Auront droit à la pension ou aux secours annuels, con-« formément aux articles 19, 20 et 21 de la loi du 11 avril 1831, « les veuves et les orphelins des officiers et assimilés décédés « en activité, après avoir accompli vingt-cinq ans de services « effectifs et comptant au moins cinq campagnes. »

Le premier amendement a pour but de modifier l'article 29 de la loi du 18 avril 1831, qui permet de cumuler une pension avec un traitement civil, pourvu que cette pension ait été acquise par des services purement militaires. Votre commission n'a pas pensé qu'il y eût justice ou opportunité à restreindre ainsi le droit de l'Empereur d'améliorer la position d'un ancien marin qui, par de longs services ou des blessures graves, a acquis des droits à la retraite, et elle entend laisser les pensions militaires soumises à la législation actuellement en vigueur.

Le second amendement ne saurait trouver aucune application pratique dans la marine, les officiers ou assimilés de tous les corps ayant droit à la retraite après vingt-cinq ans de services effectifs, s'ils comptent six ans de navigation sur les vaisseaux de l'État, ou neuf ans tant de navigation sur lesdits vaisseaux que de service aux colonies, conditions qui, dans certains cas, peuvent ne pas être équivalentes à cinq campagnes. L'amendement occasionnerait donc plutôt une confusion qu'un avantage dans la supputation des services, et la commission ne l'a pas adopté.

L'honorable M. Conseil a proposé de modifier le paragraphe 3 de l'article 1er de la loi du 18 avril 1831, en assimilant la navigation au service des colonies pour la retraite après vingt-cinq ans de service. Ainsi les officiers ou assimilés de tous les corps de la marine, qui réunissent six années tant de navigation sur les vaisseaux de l'État que de service aux colonies, seraient placés par cela seul dans les mêmes conditions que les marins.

Quelque pénibles ou dangereuses que puissent être en certains cas, heureusement assez rares, les conditions du service à terre dans les colonies, il ne saurait cependant être mis sur le même pied que le service à bord. Le manque d'espace, les nécessités de la discipline, les privations et les dangers ne cesseront de rendre ce dernier plus méritant et justifieront toujours les avantages exceptionnels que les législations antérieures lui ont accordés. Il ne faut donc pas limiter à une durée relativement restreinte le temps de résidence exigé des employés coloniaux pour avoir droit au bénéfice considérable de la retraite à vingt-cinq ans de service. N'oublions pas d'ailleurs que si le séjour de quelques-unes de nos colonies a des conséquences fâcheuses pour les Européens, il en est d'autres qui, sans leur éloignement, seraient généralement préférées à un grand nombre de garnisons de France ou d'Afrique. Par ces motifs votre commission a été d'avis qu'il n'y avait pas lieu de changer sur ce point la législation actuelle.

M. le Mélorel de la Haichois a proposé de modifier ainsi qu'il suit l'article 11 de la loi du 18 avril 1837 :

. « La pension de retraite de tout officier, sous-officier, « quartier-maître ou caporal ayant douze (ou mieux dix) ans « accomplis d'activité dans son grade, est augmentée d'un « cinquième. La même faveur est accordée à tous les fonc-« tionnaires assimilés de la marine, sans distinction de l'as-« similation au premier ou au deuxième degré. »

L'honorable M. Arman a présenté un amendement dans le même sens, tendant à admettre au bénéfice du cinquième en sus, après douze ans de grade, les trois catégories d'employés suivantes : le personnel administratif des directions des travaux, le personnel des manutentions, et le personnel de la comptabilité des matières.

Enfin M. le vicomte de Kervéguen a demandé « d'ajouter le «cinquième en sus, après douze ans de grade, aux pensions «des officiers d'administration assimilés compris dans la pre-«mière section du tableau des retraites de la marine, comme « cela a lieu pour les assimilés du ministère de la guerre. »

Nous avons réuni ces trois amendements, qui tendent tous au même but, donner une nouvelle extension à l'article 11 de la loi de 1831. Nous avons exposé plus haut les raisons qui ont porté votre commission à maintenir sur ce point particulier la distinction établie par le tableau entre les corps naviguants et ceux dont le service est purement sédentaire. Nous ne croyons donc pas nécessaire de les rappeler ici; il nous suffit de dire qu'en repoussant ces amendements nous sommes restés d'accord avec la jurisprudence du conseil d'État.

M. le Mélorel de la Haichois nous a encore présenté les amendements suivants.

« 1° L'article 11 de la loi du 18 avril 1831 sera modifié « comme suit :

« La pension de retraite de tout officier, sous-officier, « quartier-maître ou caporal ayant dix ans accomplis d'ac- « tivité dans son grade, est augmentée d'un cinquième.

« 2° A la deuxième section du tableau des retraites, agents « au-dessous du grade d'officier, intitulé services divers :

« Contre-maîtres des professions inscrites, etc. ;

« Aides-contre-maîtres des professions inscrites, etc.;

« Ouvriers et apprentis des professions inscrites, etc.;

« Suppression des mots *inscrites* et remplacement par le « mot *diverses* avec adjonction de ces mots : il sera ultérieu- « rement statué par une loi sur l'organisation des diverses « professions ouvrières employées dans les ports. »

« 3° Modification de la caisse des invalides en ce sens que « toutes les pensions de retraite des officiers et autres assi- « milés seront portées au compte du trésor comme pour tous « les autres services de l'État, et que la caisse des invalides « demeure uniquement chargée des pensions des ouvriers des « ports et des gens de mer. »

Notre honorable collègue voudrait réduire de douze à dix ans le temps de grade exigé de tout officier ou officier mari- nier pour avoir droit au cinquième en sus, et rendre ainsi plus facile l'obtention de cette faveur. Votre commission n'a pas pensé qu'il y eût opportunité, au moment où le tarif général des pensions allait subir un accroissement considé- rable, d'apporter dans le même sens une nouvelle modifica- tion sans des motifs graves. L'augmentation du cinquième en sus doit rester une faveur exceptionnelle pour les officiers qui ont vu leur avancement retardé, et le terme fixé par la législation antérieure ne nous a pas paru trop long.

Pour bien comprendre la portée du deuxième amendement, il est nécessaire de connaître la situation des divers ouvriers de la marine. Ces ouvriers sont divisés en trois catégories.

Les ouvriers militaires;

Les ouvriers inscrits;

Les ouvriers libres.

Nous n'avons en aucune manière à nous occuper des premiers, qui comptent dans les cadres de l'armée et profitent de tous les avantages accordés aux militaires ou aux équipages de la flotte. Cette catégorie comprend les mécaniciens, les ouvriers d'artillerie et les gabiers de port.

Les seconds font, comme les marins, partie de l'inscription maritime, et peuvent être appelés à servir dans les ports quand les besoins de l'État l'exigent; ils appartiennent à quatre professions : charpentiers, calfats, perceurs et voiliers.

Les derniers entrent librement, sans engagement aucun, au service de l'État et le quittent de même, et reçoivent en vertu de la loi du 13 mai 1791, une pension dite *demi-solde* quand ils ont servi pendant vingt-cinq ans dans les arsenaux. Ils comprennent tous les ouvriers des professions autres que celles mentionnées plus haut; ils sont soumis, comme tous les employés de la marine, à la retenue de 3 pour 100. M. de la Haichois voudrait qu'ils fussent assimilés aux ouvriers inscrits, pour le droit à la retraite comme pour la fixation de la pension. Bien que la demi-solde de ces ouvriers ait reçu, depuis 1791, des améliorations successives par l'adoucissement des conditions sous lesquelles on l'obtient, et aussi par l'augmentation des salaires pris pour base de cette pension spéciale, elle n'atteint pas le taux des pensions que le projet accorde aux inscrits et s'il est de l'intérêt bien entendu de la marine de conserver à son service, par la perspective d'une retraite convenable, des ouvriers qu'elle pourrait dans certains moments avoir quelques peines à se procurer en nombre suffisant, il est difficile de comprendre dans une loi de pensions militaires, des individus qu'aucun lien autre que leur propre intérêt ne relient au service. L'assimilation aux marins des inscrits soumis aux mêmes conditions de levée était possible, mais votre commission n'a pas pensé qu'il dût en être de même des ouvriers des autres professions. Seulement elle a appelé l'attention de MM. les commissaires du Gouvernement sur l'inconvénient que pourrait présenter un trop grand écart dans le taux des pensions des divers ouvriers des arsenaux, et elle a reçu d'eux l'assurance que cette question serait étudiée avec le désir d'arriver dans le plus bref délai possible à une solution qui sauvegarderait à la fois les intérêts de l'État et ceux des ouvriers. On ne peut atteindre ce but qu'en revisant la loi de 1791, question de la plus haute importance, car elle touche à l'organisation même de l'inscription maritime ; aussi votre commission n'a pas cru devoir la traiter incidemment dans l'examen d'une autre loi, et elle s'est bornée à en recommander l'étude à MM. les conseillers d'État. Le dernier amendement de M. de la Haichois tendrait à distraire de la caisse des invalides de la marine, pour le remettre au trésor, le service des pensions des officiers et autres assimilés. Sans vouloir examiner jusqu'à quel point cette séparation serait pratiquement possible, nous pouvons dire qu'elle équivaudrait au renversement de toute la législation existante, confirmée par l'article 26 de la loi du 18 avril 1831, loi que nous avons voulu conserver dans toutes ses dispositions principales. N'oublions pas d'ailleurs que la caisse des invalides est la clef de voûte de l'inscription maritime, qui seule peut assurer aux équipages de la flotte un recrutement de marins expérimentés ; enfin, que toute disposition qui séparerait les officiers des simples marins tendrait, au préjudice de la discipline et de l'intérêt de l'État, à infirmer cette solidarité que le payement de leurs pensions par une même institution a établi de temps presque immémorial.

Nous devons mentionner encore plusieurs amendements de l'honorable vicomte de Kervéguen. Comme ceux qui précèdent, ils entraîneraient une révision au moins partielle de la loi de 1791. Nous vous avons indiqué les raisons qui ne nous ont pas permis d'entrer dans cette voie, et nous ne croyons pas nécessaire d'insister davantage sur les motifs qui ont amené cette décision.

Nous n'avons pas pensé non plus qu'il y eût convenance à mettre le Gouvernement en demeure de nous présenter dans un délai déterminé une révision que nous savons être dans ses vues. Il a donné trop de preuves de la sollicitude éclairée avec laquelle il poursuit le développement de notre puissance navale, pour que nous doutions un instant de l'accueil réservé au vœu de la commission.

Les amendements de M. de Kervéguen sont ainsi conçus :

Nouvel article 4. « Tous les officiers mariniers et marins
« qui compteront six ans de navigation sur les bâtiments de
« l'État, seront désormais retraités, lorsqu'ils auront terminé
« le temps de service voulu par les règlements, suivant le tarif
« des pensions annexé à la loi du 18 avril 1831, sans préjudice

« des suppléments dévolus par la caisse d'exonération aux
« militaires de l'armée de terre. »

Art. 5. « Ceux qui ne pourront compter, dans la supputa-
« tion de leurs services, six ans de navigation dévolus à l'État,
« seront retraités, comme par le passé, selon les prescriptions
« de la loi de 1791 et des ordonnances postérieures, en vi-
« gueur à ce jour. »

Art. 6. « Les tarifs de pensions dites demi-soldes, déterminés
« par la loi de 1791, et les ordonnances postérieures, seront
« revisés dans le courant de l'année 1862, par une loi nou-
« velle. »

Art. 7. « Les ouvriers, les aides-contre-maîtres des profes-
« sions non inscrites de la marine, subiront désormais sur leur
« solde et les suppléments de solde, une retenue de 5 p. 100
« au profit de la caisse des invalides.

« Leur retraite à trente ans de service sera de la moitié de
« leur solde moyenne de six dernières années d'activité, aug-
« mentée d'un quarantième en sus de cette même moitié, pour
« chaque année au delà des trente ans exigés, et ce, jusqu'au
« maximun des deux tiers de la solde moyenne pour cin-
« quante ans de service. »

Art. 8. « Les pensions des veuves et ouvriers, aides-contre-
« maîtres et contre-maîtres des professions non inscrites,
« seront du quart de celles de leurs maris et de 100 francs
« par an au minimun. »

Art. 9. « Reproduire l'article 4 du projet de loi. »

En dernier lieu, MM. Darimon, Hénon, J. Favre, Ém. Ol-
livier et Ernest Picard ont proposé de remplacer l'article 3
du projet par le suivant : « Les dispositions de la présente loi
seront appliquées à toutes les pensions de l'armée de mer. »

Cet amendement impliquant la révision de toutes les pensions actuellement concédées pour les élever aux nouveaux
tarifs, est conçu dans la même pensée, quoique avec une portée beaucoup plus considérable, que celui présenté par l'honorable général Lebreton. Dans l'examen que nous avons
fait de ce dernier, nous vous avons indiqué les raisons qui
nous ont empêchés d'entrer dans la voie d'une révision totale
ou même partielle. Elles subsistent dans toute leur force,
et elles ne nous ont pas permis d'accueillir l'amendement
que nous venons de vous faire connaître.

Tel est, messieurs, le résumé des travaux de votre commission : sans s'écarter des principes qui forment la base de la

législation des pensions de la marine, elle a cherché à élever les tarifs autant que possible au niveau des besoins actuels, en les proportionnant aux services rendus comme à la position hiérarchique des officiers, à assurer largement le bien-être des marins que des blessures ou des infirmités graves mettent hors d'état de pourvoir à leur subsistance, enfin à améliorer d'une manière assez notable la position des veuves, position toujours si digne d'intérêt; et elle aurait plus fait encore, si elle n'avait pas craint d'imposer une charge trop lourde aux finances de l'État.

Le projet lui a paru remplir ces conditions; elle sait qu'il est attendu avec impatience par les marins, dont il doit assurer l'avenir, et elle vous demande de leur donner une nouvelle preuve du prix que vous attachez à leurs glorieux services, en lui accordant vos suffrages.

PROJET DE LOI

tendant à modifier la loi du 18 avril 1831 sur les pensions de l'armée de mer.

Nouvelle rédaction adoptée par la commission et le conseil d'État.

Art. 1er. « Les pensions de retraite des officiers et des fonc-
« tionnaires assimilés de l'armée de mer et celle des autres
« agents du département de la marine et des colonies sont
« fixées conformément au tarif annexé à la présente loi. »

Toutefois, les pensions des vice-amiraux et des contre-amiraux, et celles des fonctionnaires de la marine qui leur sont assimilés pour la retraite, ne pourront, en aucun cas, excéder la solde attribuée, selon le grade, aux officiers généraux dans le cadre de réserve.

Art. 2. « En cas de séparation de corps, la femme contre
« laquelle elle a été admise ne peut prétendre à la pension
« de veuve; en ce cas, les enfants, s'il y en a, sont considérés
« comme orphelins. »

Art. 3. « Le droit à la pension de retraite demeure acquis
« aux aumôniers de la flotte, d'après les dispositions de l'ar-
« ticle 1er de la loi du 18 avril 1831.

« Toutefois, ils auront droit à ladite pension à vingt et un ans
« de services effectifs, s'ils comptent douze ans de navigation
« sur les bâtiments de l'État. »

Art. 4. « Pour l'amputation d'un membre ou la perte ab-
« solue de l'usage de deux membres, les officiers, officiers

« mariniers, assimilés et autres agents du département de la
« marine et des colonies, reçoivent le maximum de la pension
« qui leur est attribuée par la présente loi ou par la loi du
« 21 juin 1856.

« En cas d'amputation de deux membres ou de la perte to-
« tale de la vue, ce maximum est augmenté de 20 pour 100,
« pour les officiers et fonctionnaires assimilés compris dans la
« première section du tarif annexé à la présente loi, et de
« 30 pour 100 pour les marins et autres assimilés, dont les pen-
« sions sont régies par la loi du 21 juin 1856, ainsi que pour les
« agents compris dans la deuxième section du tarif ci-dessus. »

« Dans cette dernière augmentation de 30 pour 100 se
« trouve compris le supplément alloué par l'article 33 de la
« loi du 20 fructidor an VII. »

Art. 5. « Les dispositions de la présente loi seront appliquées
« à toutes les pensions non inscrites avant sa promulgation.

Art. 6. « Sont abrogées toutes les dispositions contraires à
« la présente loi. »

Disposition transitoire :

Art. 7. « Les officiers de santé de première classe déjà pour-
« vus de ce grade à l'époque de la promulgation de la présente
« loi, auxquels le tarif annexé à la loi du 18 avril 1831 attri-
« buait la pension de retraite de capitaine de corvette, con-
« serveront ce droit en cas d'admission à la retraite. »

**2° Discussion au Corps législatif du projet de loi
sur les pensions de l'armée de mer.**

Séance du 15 juin.

M. le Président. L'ordre du jour appelle la discussion du
projet de loi tendant à modifier la loi du 18 avril 1831 sur les
pensions de l'armée de mer. Ce projet a été modifié d'accord
par la commission et par le Gouvernement.

(MM. le général Allard, président de section au conseil
d'État, Chassériau et Dupuy de Lôme, conseillers d'État,
siégent au banc des commissaires du gouvernement.)

M. le Président. La parole est à M. le Mélorel de la Haichois.

M. le Mélorel de la Haichois. J'approuve complétement les
motifs qui ont dirigé le Gouvernement dans la fixation des

pensions de l'armée de mer. Mais tout en étant disposé à voter la loi, telle qu'elle vous est présentée, malgré diverses imperfections que je dois y trouver, qu'il me soit cependant permis d'indiquer et de faire ressortir certains griefs que j'impute à la loi que j'ai sous les yeux.

Certes, il y a eu un grand sentiment de justice, d'équité et de convenance, à établir sur un pied d'égalité parfaite les officiers de terre et de mer.

La marine et la guerre sont sœurs, elles concourent également à la défense du territoire; il est juste qu'elles jouissent de l'égalité, quelle que soit la différence dans les traitements.

Ainsi un capitaine de vaisseau est, *à raison de l'assimilation*, retraité comme un colonel, un capitaine de frégate comme un lieutenant-colonel, et ainsi de suite dans l'ordre d'assimilation, sans se préoccuper en aucune manière de la différence des traitements.

C'est là, je le répète, une mesure à laquelle nous ne pouvons qu'applaudir, et qui sera, j'en suis convaincu, acceptée avec reconnaissance par la marine. Car, je le ferai observer, et, bien que ce ne soit ni le lieu ni le moment de traiter cette question, il y a souvent dans les deux corps des différences et des divergences entre les traitements des positions similaires. Je n'ai pas l'intention, je le répète, de discuter ce point, seulement je tiens à faire remarquer que la marine, à laquelle on a souvent reproché l'excès de ses dépenses, se trouve dans cette condition, je dirai presque extraordinaire, que ses officiers sont moins bien traités pour certains grades qu'ils ne l'étaient il y a soixante-dix ans. Ainsi les traitements de la marine se trouvent dans une position contraire à celle dans laquelle sont presque tous les traitements des fonctionnaires publics actuels.

En effet, qu'il me soit permis, pour le démontrer, de mettre sous vos yeux les traitements tels qu'ils étaient en l'an IV.

Le traitement d'un vice-amiral était de 15 000 francs. Il n'y a pas de différence aujourd'hui, il est encore de 15 000 fr.

Celui d'un contre-amiral était de 10 000 fr.; il est encore de 10 000 fr.

Mais au-dessous les chiffres baissent et vous allez voir la différence.

Le capitaine de vaisseau de première classe en l'an IV avait un traitement de 6000 fr. Ce traitement n'est plus à présent que de 5000.

Un capitaine de deuxième classe avait un traitement de 5400 fr.; il n'a plus aujourd'hui que 4500.

Quant aux capitaines de frégate, leur traitement est de 3500 fr., tandis qu'en l'an IV il était de 4000.

Les lieutenants de vaisseau, qui avaient alors 3300 fr., n'ont plus maintenant que 2500 pour la première classe et 2000 fr. pour la seconde.

Enfin les enseignes, qui avaient 2400 fr., n'ont plus que 1500.

Ainsi, sous ce rapport, on ne saurait en aucune manière reprocher à la marine de l'exagération dans les chiffres de ses traitements actuels.

Il n'est donc pas surprenant que, quant aux pensions de retraite, elles se trouvent dans des conditions un peu meilleures et compensent l'insuffisance avec les traitements actuels; mais je laisse de côté les traitements de la marine, car ce n'est pas le but de la loi, il s'agit d'observations quant aux retraites, et j'y reviens.

J'avais présenté divers amendements, ces amendements ont eu le sort de ceux réservés à beaucoup de nos honorables collègues; je n'y reviendrai donc pas, n'ayant pas l'espérance de les faire aboutir devant vous. Je me bornerai seulement à appeler votre attention sur divers défauts que je reproche à la loi. Ces reproches sont au nombre de trois. Le premier est un défaut d'unité, d'assimilation sérieuse entre les différents corps administratifs de la marine. Le second est l'inobservation de la règle proportionnelle adoptée dans la loi pour l'augmentation des pensions quant à certains grades. Le troisième est le défaut d'assimilation de tous les ouvriers, qu'ils soient ou non classés, après trente ans de services effectifs dans la marine.

Enfin, je terminerai par un vœu que j'avais émis devant la commission et qui, à ce qu'il paraît, avait été assez mal compris. Il tendrait à ce que les retraites des officiers et assimilés fussent toutes également portées au compte du Trésor, comme pour tous les autres fonctionnaires de l'État, et à ce que la caisse des invalides demeurât exclusivement réservée et appliquée aux gens de mer, aux ouvriers, classés ou non, ce qui leur ferait des positions beaucoup plus favorables et leur donnerait des retraites infiniment supérieures à celles qu'ils ont actuellement, ainsi que je le démontrerai tout à l'heure; et dès lors ils ne seraient plus réglés par la loi de 1791 ou du 3 brumaire an IV, mais d'après la nouvelle loi

et la nouvelle législation que je solliciterais et que je provo-
querais de la part du Gouvernement.

Ceci dit, j'arrive à mon premier grief,

Si j'examine le tableau qui est sous mes yeux et qui sert à
déterminer et à fixer la pension de chacun des fonctionnaires
militaires ou civils du corps général de la marine, je suis
frappé, je vous l'avoue, de certaines contradictions, de certaines anomalies dont je ne m'explique pas parfaitement le
motif. Pour les uns, soit en raison de l'importance de la fonc-
tion, soit en raison de la responsabilité, soit à raison enfin
de l'impossibilité ou de la difficulté de leur donner de l'avancement, la situation n'est pas mauvaise; tandis que pour
d'autres, dans des conditions qui sont en quelque sorte ana-
logues, il y a des différences assez notables. Pour les uns, on
applique la règle du cinquième, après douze ans de grade;
pour les autres, cette faveur est retranchée. A beaucoup, on
accorde une faveur qu'ils ne peuvent pas obtenir et on leur
refuse celle qu'ils obtiendraient facilement.

Pour arriver à la démonstration de ce que j'avance, il me
suffit de lire.

D'un côté, je vois que le commissariat, le génie maritime,
l'inspection, les maîtres entretenus sont admis au cinquième.
A Dieu ne plaise que je m'en plaigne; mais je voudrais que
ceux qui appartiennent aux autres services fussent également
favorisés; je voudrais, en un mot, que l'assimilation fût entière et complète.

Or, je vois avec peine des agents, qui, certainement, ont une
grande valeur dans ce grand département, qui remplissent
des fonctions d'une très-grande importance et ayant une
grave responsabilité, se trouver privés du même cinquième.
Il me suffit, à cet effet, de citer le personnel des directions
de travaux, des manutentions, de la comptabilité des matières, enfin le personnel colonial. Pourquoi ces différences?

J'entrevois d'avance l'objection qui va m'être faite, et je
m'empresse d'y répondre,

Mais, me dira-t-on, si nous avons supprimé le cinquième à
certains corps de la marine, à certains fonctionnaires de la
marine, c'est que nous ne pouvions, d'après la loi commune,
le leur appliquer. Le cinquième en sus n'est accordé qu'à
ceux qui courent les chances de la guerre, qu'à ceux qui, en
un mot, sont exposés aux coups de l'ennemi et *embarquent*.
Or il n'y a pas de chef de manutention, de chef de direction

des travaux qui aille à la guerre, qui soit assujetti à l'embarquement.

Mais, messieurs, qu'il me soit permis de demander si la
règle est religieusement suivie. Les ingénieurs embarquent-
ils? Les ingénieurs de la marine sont-ils exposés aux dangers
de la guerre? Oui, me dira-t-on, car tout ingénieur doit pendant quelque temps naviguer. Ce fait, je ne le conteste pas ;
mais sont-ce là des campagnes de guerre, et n'exagère-t-on
pas ici l'intention du législateur?

Mais voici qui est plus grave encore. L'inspection, qui jouit
du cinquième, l'inspection embarque-t-elle? Et si cette considération des dangers de guerre, des périls de mer, avait été
le motif qui a fait ajouter le cinquième, je demanderais où
se trouve la place de combat d'un ingénieur, d'un inspecteur,
je dirai même d'un maître entretenu des constructions. Quant
au commissariat, il embarque, il a une place de combat; c'est
à lui qu'est confiée la surveillance des poudres, et il a sa
place; il est le seul qui embarque sérieusement parmi ceux
appelés à jouir du bénéfice du cinquième. Quant aux autres,
il n'y avait certainement pas plus de raisons de leur appliquer
cette faveur qu'à ceux qui en ont été privés. Ce n'est pas que
je veuille en aucune façon attaquer ceux auxquels cette faveur a été accordée; mais je crois pouvoir dire que l'on a
manqué de logique dans la circonstance : du moment où on
l'accordait aux uns, il n'était pas équitable et juste de la refuser aux autres.

Du reste, j'ai vu avec satisfaction comprendre les maîtres
entretenus au nombre de ceux admis à jouir du bénéfice du
cinquième après douze ans de grade. Ce sont les auxiliaires
les plus actifs, les plus dévoués de MM. les ingénieurs; ils
font en quelque sorte partie du génie maritime, mais sans
avoir l'espoir de devenir jamais ingénieurs. Il était donc juste
de les assimiler en tout point à ceux sous les ordres desquels
ils travaillent. Toutefois, je ne suis pas fâché de faire ressortir ici et incidemment le défaut de logique qui parfois se produit de la part de la marine.

Ces maîtres, ces excellents agents, ces hommes si utiles et
qui rendent de si grands services, sont parfois dans cette sin-
gulière position, c'est qu'alors qu'on leur donne la croix, ce
qui est rare, ils se voient refuser l'avantage qui est accordé
aux ingénieurs et autres corps militaires de la marine, c'est-
à-dire le bénéfice des 250 fr. affectés à la décoration.

J'espère qu'en présence de cette circonstance, qu'ils sont actuellement complétement assimilés par la loi et qu'ils jouissent du cinquième de supplément, on leur appliquera également la loi commune, et cette faveur ne grèvera jamais beaucoup le budget, car il n'y en a qu'un bien petit nombre d'honorés de cette faveur.

Je termine là, messieurs, quant à ce premier grief. Pour l'autre, je dis qu'en même temps qu'on semble accorder certaines faveurs, on se refuse à celle qu'on pourrait facilement obtenir.

Si, en effet, je prends, messieurs, le tableau que j'ai sous les yeux, que vois-je quant au maximum? Que les corps administratifs l'obtiennent tous après cinquante ans de service; remarquez-le bien, après cinquante ans de service, mais le maximum, ils ne pourront jamais y arriver. La règle et la loi d'assimilation étant appliquées, s'y opposeront. Un exemple me suffit : Faites entrer un jeune homme à dix-huit ans dans les corps administratifs, ajoutez-y cinquante ans en plus, cela donnera soixante-huit ans à l'époque du maximum. Or, comme d'après la loi, vous l'aurez mis à la retraite à cinquante-huit ans, il ne pourra jamais remplir les conditions exigées.

C'est donc sans un but sérieux, à mon sens, que de vouloir établir un maximum qui ne peut pas exister.

Je crois, messieurs, que mieux eût valu, laissant pour les autres corps administratifs l'assimilation avec le corps militaire de la marine, lui appliquer les règles adoptées pour les corps administratifs de la guerre; je cite pour exemple les officiers d'administration. On en a beaucoup parlé dans cette enceinte; eh bien! je crois que les agents que vous avez privés du cinquième, dans le corps de la marine, se trouveraient fort heureux d'une assimilation complète. D'ailleurs, n'existe-t-il pas une ressemblance frappante entre les officiers principaux d'administration et les agents principaux des travaux, des manutentions et de la comptabilité des matières? Tous ces officiers n'ont-ils pas égale responsabilité?

Ainsi, sous ce rapport, messieurs, si la marine avait observé ce qu'elle a fait quant aux grades militaires, si elle avait voulu une assimilation, dans laquelle il fallait donner une juste satisfaction à tous, elle aurait sans aucun doute adopté et suivi la règle d'assimilation que je lui indique. Je termine là, messieurs, mes observations sur le premier grief.

Quant au second, je dis que c'est à tort quant à certains agents, de ne pas leur appliquer la règle proportionnelle qui a été en quelque sorte édictée dans la loi : vous savez quelle a été cette règle. Le Gouvernement ne voulant pas changer la loi primitive de 1831, s'est borné à appliquer suivant les grades, sur la retraite, une proportion d'augmentation basée suivant l'importance des grades. Pour certains elle a été des trois dixièmes, pour d'autres quatre dixièmes, et pour d'autres enfin six centièmes, et ainsi de suite. Cette règle a été appliquée en général pour un très-grand nombre d'employés de la marine : mais ce que je trouve regrettable, c'est de l'avoir oubliée et violée pour des grades, des emplois essentiellement modestes. Je prends ici le tableau qui vous est soumis et que vous avez sous les yeux. Or, j'y vois les commis de marine auxquels il n'y a certes pas à reprocher de gros traitements, et qui obtiennent à peine dans le cours de leur vie des appointements qui les mettent au-dessus du besoin, de même du reste que les commis désignateurs. Or ces divers emplois ne sont retraités qu'à 900 fr.

Si je consulte la loi de 1831, je vois que ces commis de marine avaient 800 fr. Or, si nous leur appliquons actuellement la règle des quatre dixièmes, car je les assimile aux *maîtres entretenus*, ils auraient 1125 fr.

Voilà un reproche, et il est fondé : car ces employés sont dans des conditions, je le répète, essentiellement modestes et excessivement mal rétribuées pendant le temps de l'activité !

On m'objectera sans doute, et je m'y attends, que si on ne leur accorde pas les quatre dixièmes, ainsi qu'à tous les grades similaires de la marine, c'est qu'on leur donnerait une position analogue à celle d'un lieutenant ; et, comme ils ne sont pas officiers, il convient dès lors de ne pas leur appliquer la règle.

Je vous avoue, messieurs, que je suis peu touché de l'objection, et je crois que les lieutenants eux-mêmes seraient peu touchés de cette distinction.

Un sous-lieutenant ou un aspirant de première classe restent rarement à ce grade pour l'époque de la retraite, à moins d'accident, de circonstance imprévue ; dans aucun cas ou presque jamais pour ainsi dire cette retraite ne leur sera appliquée ; par la force des choses ils seront élevés à un grade supérieur avant vingt-cinq ans de service. Mais quant au commis de marine, à cet employé si utile qui rend de grands services, qui, embarqué une grande partie de son existence, a rempli à bord, et sur petits bâtiments, ses fonctions, il restera toujours, sauf de rares exceptions, simple commis de marine.... Eh bien! après trente ans de service, ne conviendrait-il pas de le traiter à l'égal des autres et de le faire jouir des mêmes faveurs, c'est-à-dire d'augmenter le chiffre de sa retraite actuelle des quatre dixièmes?

Messieurs, voilà les deux griefs secondaires que j'avais à reprocher à la loi.

J'arrive actuellement au principal, au troisième grief.

C'est, selon moi, un grief au premier chef sur lequel j'appelle l'attention de la Chambre et la sollicitude du Gouvernement.

Je dis : Vous avez eu tort de ne pas assimiler tous les ouvriers des arsenaux après trente ans de service.

Votre loi ne s'occupe que des ouvriers qui se trouvent classés conformément à la loi du 3 brumaire an IV. Quant aux marins classés, elle les laisse complétement de côté. Cependant ils forment et constituent la grande majorité de la marine militaire. Ces hommes ne peuvent être retraités que dans les conditions de la loi de 1791. Pour eux, silence complet. Je sais qu'il y a des promesses ; mais des promesses ne suffisent pas ; je crois que du moment où vous vous occupiez d'une loi de retraite, où vous augmentiez la position des supérieurs, il eût peut-être été juste de penser à cette classe si nombreuse d'hommes qui sont appelés à vous rendre de si grands et si signalés services.

Du moment que j'ai parlé de la loi de brumaire an IV, je crois devoir vous dire deux mots de l'inscription maritime et de la loi de 1791, de l'inscription maritime qui a été très-vivement attaquée par les uns, très-chaleureusement défendue par les autres. Suivant les uns, l'inscription maritime est une admirable institution ; grâce à cette institution, l'État a à sa disposition une armée navale toujours prête : quant à la population, elle accepte cette situation avec résignation, et n'y trouve aucun inconvénient; elle y trouve même des avantages qu'elle rencontre dans le privilége de la pêche maritime et dans les priviléges ressortant de cette position exceptionnelle quant aux transports maritimes. (Aux voix! aux voix!)

M. le président. La question de l'inscription maritime a déjà été bien souvent traitée. Elle ne paraît pas avoir sa place dans la loi sur les pensions.

M. le Mélorel de la Haichois. Elle s'y rattache indirectement.
(Hilarité.)

M. le président. Si indirectement qu'on peut dire qu'elle ne
s'y rattache pas du tout ! (On rit.)

M. le Mélorel de la Haichois. C'est très-indirect, j'en conviens,
aussi y passerai-je rapidement.

La discussion est sur ce point que c'est la loi du 3 frimaire
an IV, c'est la loi de l'inscription maritime, c'est la loi de 91
qui a été invoquée pour ne pas comprendre tous les ouvriers
dans la catégorie actuelle des retraites.

La loi de brumaire an IV a fixé quatre catégories d'ouvriers.
Ces quatre catégories d'ouvriers seules sont inscrites : ce sont
les charpentiers, les calfats, etc. ; sur les autres, la loi a complétement gardé le silence. De sorte que, quand est venue
cette loi, par le seul mot *classe*, on a retranché tous les ouvriers des autres professions, qu'ils servent trente ans ou non.
Or, il est constant qu'il y a dans la marine un bien plus grand
nombre d'ouvriers qui ne se trouvent pas classés. Il est également certain que ces ouvriers payent 3 pour 100 pour faire
face à la retraite. Or, dès lors, pourquoi faire des distinctions,
pourquoi ne pas tous les assimiler, tous les faire jouir du bénéfice attaché à la retenue ?

Une somme de 3 pour 100 est prélevée sur la totalité non-
seulement des traitements, mais encore du matériel du
ministère de la marine : c'est donc contre cette distinction
que je viens m'élever ; je trouve que cette inégalité n'a
pas de raison d'être, car en présence des transformations
qui se sont produites dans la marine et qui pourraient se
produire, n'existe-t-il pas une foule d'ouvriers qui rendent à
tous égards les mêmes services que ceux dits classés ?

Je reviens, messieurs, et pour un moment encore, à cette
loi de brumaire an IV, si vivement attaquée, si vivement défendue. Ses défenseurs prétendent que sans elle la marine ne
peut exister ; ses contradicteurs soutiennent que les transformations diverses qui se sont produites dans la marine l'ont
rendue sans intérêt ; elle froisse et lèse le commerce, elle
n'est pas favorable à la pêche, parce qu'enfin elle est contraire aux principes d'égalité de tous les citoyens devant la loi.

C'est donc le cas d'examiner très-brièvement devant vous
la situation que la loi de brumaire an IV a faite à la population maritime, tant dans le présent que dans le passé ; quant
à l'avenir, je le laisse à l'appréciation du Gouvernement.

L'inscription maritime est très-ancienne; c'est une de ces vieilles institutions qui ont bravé le temps et les révolutions : elle date d'environ deux cents ans, alors que Colbert, ce grand ministre, voulant créer une marine en état de lutter avec celle de l'Angleterre, chercha à en constituer le personnel. Deux moyens se présentèrent à son esprit : l'engagement volontaire avec prime, ce qui avait lieu déjà pour l'armée de terre, ou la presse qui était pratiquée en Angleterre. (Aux voix!)

M. le président. Je ferai remarquer à l'orateur que nous en sommes à la loi des pensions.

M. le Mélorel de la Haichois. Je répète que ce que je dis s'y rattache indirectement.

M. de Kervéguen. Si tous ceux qui ont été oubliés dans la loi des pensions réclamaient, il n'en manquerait pas.

M. le président. Je comprends parfaitement qu'un orateur signale toutes les omissions qu'il croit voir dans la loi, mais il ne me semble pas nécessaire de faire à cette occasion une digression historique.

M. le Mélorel de la Haichois. Je serai très-bref dans mon appréciation.

Je voulais expliquer à la Chambre la situation actuelle faite à la population que l'on oublie et qui n'a pas été favorisée dans le projet de loi actuel. Voilà tout ce que je voulais établir.

Colbert créa l'inscription maritime; il décida que tout marin, tout pêcheur serait de trois années l'une soumis à l'embarquement sur les vaisseaux de l'État, et assujetti au service.

Comme compensation, il établit que les marins seraient exempts de tout logement militaire, de monter la garde aux portes des villes, de toute tutelle, curatelle, et diverses autres charges.

Voilà, messieurs, tout ce qui fut accordé à la population maritime comme compensation du sacrifice qui lui était imposé. Quant au privilége de la pêche, quant au privilége des transports par mer, il ne fut rien dit dans l'ordonnance de 1673; ils en jouissaient antérieurement et conformément aux principes économiques et restrictifs de l'époque.

Telle était l'inscription maritime fondée par Colbert. Je dois ajouter qu'il institua en même temps la caisse des invalides, qui certes venait contre-balancer les inconvénients et les charges imposées à la population maritime.

Cette caisse des invalides percevait 6 deniers par livre sur toutes les dépenses maritimes ; elle recevait en outre certains droits sur les pêches, bris et naufrages ; en un mot, elle trouvait des ressources particulières qui lui étaient créées par des lois spéciales. Par contre, elle devait venir en aide aux marins, à leurs veuves et orphelins.

Qu'a-t-il été fait depuis? C'est là la question. La loi de 1791, constitutive de la caisse des invalides, a décidé que la caisse des invalides serait complétement appliquée au payement des pensions de retraite de la marine et des colonies, et par cela même elle a aggravé la situation des marins.

C'est donc à raison de cela que j'aurais désiré qu'on se fût occupé plus sérieusement des marins classés, et que, si on ne voulait pas réformer complétement la loi sur la caisse des invalides, au moins on leur accordât des pensions en rapport avec les sacrifices qui leur sont imposés, et ces sacrifices sont lourds. En effet, il faut bien le remarquer, tous les marins, à l'âge de dix-huit ans, après deux campagnes, après dix-huit mois de navigation ou de pêche, sont de droit inscrits, et, jusqu'à cinquante ans, ils sont à la disposition entière de l'État. C'est donc la vie presque entière de ces hommes qui est, je ne dirai pas consacrée à l'État, mais qui est à la disposition du ministère de la marine. Ce sont ces hommes que j'aurais voulu voir traiter d'une manière toute différente. Ici, je fais un appel au Gouvernement pour qu'il soit procédé à la révision de la loi de brumaire an IV, à la révision de la loi de 1791, parce que je trouve dans ces lois quelque chose qui a sans doute contribué à empêcher ces hommes, les ouvriers et les marins, d'être compris dans les bénéfices de la loi actuelle. Ce que je désire, c'est que l'on s'occupe au plus tôt de leur avenir.

Pour faire apprécier à la Chambre leur position, je mettrai sous ses yeux l'état de la caisse des invalides. Cette caisse reçoit du Trésor 4 600 000 fr. ; moyennant cette somme, elle est tenue de faire face à toutes les pensions de la marine, et certes, vous devez le comprendre, elles seront beaucoup plus lourdes par la loi actuelle qu'elles ne l'étaient précédemment. C'est par la crainte que j'éprouve que cette caisse spéciale, qui va être atteinte par notre loi, ne néglige la classe si intéressante des marins et des ouvriers, que je proteste et que je demande une rectification.

La caisse de la marine, messieurs, vient en aide à 45 000 in-

dividus ou familles; le chiffre de sa dépense est de 12 800 000 fr.
environ, c'est-à-dire à peu près 250 fr. par tête. Comment se
distribue cette somme, et à qui est-elle payée? Elle est payée
d'abord, et c'est tout naturel, aux retraités de la marine. Les
retraités de la marine sont au nombre de 7000. Elle règle, de
plus, les pensions de 14 000 veuves. Enfin, vient la troisième
classe, cette classe si digne d'intérêt des ouvriers classés, des
marins classés qui touchent après que les autres ont été
servis.

Leur position est celle-ci : 14 500 demi-soldiers recevant
une demi-solde; 10 000 veuves et enfants de demi-soldiers et
ouvriers recevant des secours de la marine. Les secours à
cette dernière catégorie sont établis comme il suit, et c'est sur
quoi j'appelle surtout votre attention :

14 000 pensions de retraite sont entre   32 fr. et 100 fr.
11 000 pensions de retraite sont entre 100 fr. et 200 fr.
 5 000 pensions de retraite sont entre 200 fr. et 300 fr.

Je m'arrête là, ne trouvant utile de faire connaître les pensions au-dessus de ce dernier chiffre, et j'arrive à cette position de demi-soldiers que je viens ici défendre et soutenir
devant vous. Ainsi voilà 30 000 familles de pensionnaires de
la marine de retraités et qui reçoivent à peine le pain de chaque jour. Eh bien, c'est en faveur de leur cause si digne d'intérêt que je viens faire appel à votre sollicitude, messieurs;
et si je semble attaquer indirectement ici la caisse des invalides, si je demande que les pensions de retraite après vingt-
cinq et trente ans de service soient portées au compte du
Trésor, c'est pour défendre et protéger ces malheureux dont
je voudrais voir la position améliorée.

On nous objecte que ce que nous demandons serait de nature à nuire à la caisse des invalides; car, nous dit-on, la
retenue que les marins du commerce subissent et portent à
la caisse n'est, dans l'état actuel, que de 1 400 000 fr. ; les
pensions dites demi-solde, réglées conformément à la loi du
13 mai 1791, s'élèvent à 3 300 600 fr., d'où il suit que la caisse
est journellement en perte, à l'égard des marins, d'une somme
de 1 900 000 fr. A cela qu'il me soit permis de répondre que
les mêmes conditions se retrouvent à l'égard de ceux auxquels
la marine doit une retraite après vingt-cinq et trente ans de
service : car quelle est la somme que l'État verse à la caisse
des invalides pour faire face à ses retraites, à ses obligations

propres et personnelles en raison d'un service de vingt-cinq et trente ans? Cette somme est de 4 600 000 fr., prélèvement fait de 3 pour 100 sur la totalité du budget de la marine. Quelle est la somme que paye la caisse de la marine pour les retraites en raison de vingt-cinq et trente ans de service? C'est une somme de 7 600 000 fr. Ainsi donc la même objection qu'on pourrait me faire, je la retournerais contre mes adversaires, et je leur dirais :

Mais c'est 3 millions que vous prenez à la caisse des invalides; cette caisse des invalides est la ressource des marins ; c'est l'avenir de la marine, selon moi; c'est la compensation de la charge énorme qui pèse sur eux en tant qu'inscrits; c'est la caisse que je voudrais complétement défendre, même contre les conséquences de la loi que vous allez voter. Or, je dis ceci : je demanderai que la loi de 1791 soit revisée dans le sens que j'ai indiqué, et je suis convaincu qu'en abandonnant aux ouvriers et aux marins la caisse des invalides, cette caisse serait à même de leur servir bien au delà de ce que le Gouvernement leur attribue actuellement. En effet, la caisse de la marine, vous ai-je dit, possède des valeurs de différentes natures; elle possède, ce qui peut-être disposerait le Gouvernement à s'en emparer, en actions de la Banque de France, en 3 pour 100 et en 4 1/2 pour 100, 5 107 000 fr. C'est à l'aide de ce revenu et d'autres ressources spéciales qu'elle peut annuellement dépenser 12 800 000 fr. Or, dira-t-on, ces 5 107 000 fr. c'est l'économie du 3 pour 100 qui a été prélevée sur la marine; elle serait donc de nature à revenir à l'État. Maintenant vous voulez séparer les marins classés des autres. Nous acceptons. Mais, d'une part, nous vous retranchons le 3 pour 100, et de l'autre également nous vous retirons les 5 107 000 fr. Cela ne serait ni équitable, ni raisonnable. Il me serait facile de vous démontrer à l'aide de chiffres puisés dans les documents officiels, qu'à aucune époque, depuis plus de quarante ans la caisse des invalides n'a fait d'économie sur ce que l'État lui donne pour solder les retraites qu'elle paye. Et, en effet, je trouve entre autres documents ce fait qu'en 1820, c'est le plus loin que j'aie pu remonter, le total des retraites dues par la marine s'élevait à 3 710 000 fr., tandis que le 3 pour 100 sur les dépenses du budget de la marine, comptées à la caisse des invalides, s'élevait à 1 150 000 f. ; différence de la dépense sur la recette, 2 560 000 f.

En 1830, le même phénomène se produisait : les retraites

s'élevaient à 4378000 fr.; la recette à 2025000; différence, 2353000 fr.; de même encore en 1840, où la différence entre la dépense et la recette était de 2955000 fr. Ainsi à aucune époque des économies n'ont pu être faites par la caisse des invalides sur ce que l'État lui payait.

Mais comment se sont faites ces épargnes? Sur des ressources diverses et sur une réserve très-précieuse que la caisse des invalides possédait en 1795, alors qu'elle n'était en quelque sorte que la tontine réservée aux gens de mer. A cette époque elle possédait déjà 180 000 fr. de revenu qu'elle avait accumulés successivement; d'où je conclus que les économies particulières à la caisse sont le propre des gens de mer, et que dès lors il serait juste de les leur réserver.

Dans l'état actuel, les ouvriers des ports et les marins du commerce, ayant leur caisse spéciale, pourraient largement se suffire, surtout pour peu, comme le faisait observer un de mes honorables collègues devant la commission, que l'on portât à 5 pour 100 la retenue faite en cours de navigation commerciale, et, de plus, qu'on maintînt à la caisse les 3 pour 100 qui incombent aux ouvriers et marins classés au service de l'État. La caisse, dans une telle situation, qui équivaudrait à un revenu annuel de plus de 6 millions, ne craindrait, en aucune façon, d'élargir le cercle de ses bienfaits.

Je sais qu'il n'y aurait pas avantage précisément pour l'État, en ce sens que, bien qu'il ne donne pas les 3 pour 100, il serait obligé de compter ces retraites; sa situation serait, quant à la marine, ce qu'elle est vis-à-vis de tous les agents de l'État.

Je me résume. J'ai cherché à démontrer deux choses : d'une part, qu'il y a, dans les divers tableaux qui vous sont soumis, des inégalités, des manières différentes d'agir qui ne se légitiment ni ne s'expliquent; d'autre part, que l'on omet une classe fort importante, fort recommandable en soi, et que c'était le cas, puisqu'on voulait reviser les pensions de la marine, de faire disparaître, pour les ouvriers, ces distinctions de *classés* et *non-classés*, et de leur accorder à tous la même faveur. Quant aux marins classés, il fallait prendre en considération la charge énorme qui pèse sur eux. Pour prouver que cette charge est très-lourde, il me suffira de citer ce que j'ai vu quelquefois. Un ouvrier est dans un établissement, il gagne 6 fr. par jour, il est classé; un ordre de départ arrive, il est obligé de se rendre immédiatement dans un arsenal maritime militaire où il n'a plus que 2 fr. 50 c. Pour un marin, la charge est absolument identique; un marin pêcheur est parvenu, avec ses économies, à monter un bateau; il est en course de pêche; il gagne 100, 150 fr. par mois, c'est le pain de sa famille; les besoins de la marine se font sentir, l'ordre de départ arrive, il est obligé d'abandonner son bateau, sa pêche, et d'aller gagner à l'État 40 fr. par mois au plus.

Vous voyez, messieurs, combien ces situations sont intéressantes, dignes à tous les égards de la sollicitude du Gouvernement, et combien il est à désirer que l'État y apporte des modifications.

M. le vicomte Reille, rapporteur. Messieurs, je désirerais répondre quelques mots aux objections que l'honorable préopinant a présentées contre le travail de la commission, et notamment au reproche qu'il lui a adressé de n'avoir pas accueilli plusieurs amendements qu'il avait proposés. (Parlez! parlez!) Je demande la permission de ne pas le suivre dans tous ses développements, notamment dans ce qu'il a dit sur l'inscription maritime. L'inscription maritime n'est pas en question; il s'agit ici d'une loi sur les pensions des militaires de l'armée de mer et des marins qui servent sur les vaisseaux de l'État, et non pas des marins du commerce. Je resterai purement et simplement dans l'examen de la loi qui nous est soumise.

L'honorable M. le Mélorel de la Haichois a commencé par faire la comparaison des traitements de la marine tels qu'ils existaient en l'an IV avec ceux qui existent aujourd'hui. Mais il ne s'agit pas ici d'une loi de budget, il s'agit d'une loi de pensions. Nous augmentons les pensions; nous ne pouvons pas, par la même loi, augmenter les traitements. Je ne demande pas mieux qu'on les augmente, mais aucune loi n'est présentée dans ce but, et il s'agit uniquement de pensions de retraite.

L'honorable préopinant a présenté d'autres griefs: ainsi il a parlé d'une différence dans l'assimilation entre les divers corps administratifs; il a cité notamment le corps du commissariat, le corps de génie maritime et le corps de l'inspection, qu'il a appelés des corps administratifs qui ont droit au bénéfice du cinquième après douze ans de grade, tandis que les agents administratifs de la manutention, de la comptabilité des matières, n'ont pas ce droit. J'ai dit devant la commission, j'ai résumé l'opinion de la commission dans le rapport, que le bénéfice du cinquième d'après la loi de 1831, avait été constitué pour les corps militants, puis étendu par assimilation à certains corps; que nous n'avions pas voulu revenir sur ce bénéfice accordé et existant déjà, quoique l'assimilation, dans certains cas, n'eût pas dû être faite; mais étendre davantage cette assimilation, ce serait aller trop loin.

Je crois qu'il n'y a pas de similitude entre la guerre et la marine. Les officiers d'administration de la guerre font campagne; ils vont sur les champs de bataille, ils suivent les armées; tandis que les agents de la marine, auxquels on a refusé le bénéfice du cinquième, sont des agents qui ont un service sédentaire, qui restent toute leur vie dans les arsenaux. Leur donner le même bénéfice qu'aux marins, c'est certainement assurer un bon recrutement au corps des comptables, mais en même temps cela pourrait produire un très-mauvais effet pour le recrutement de la marine. Il faut donner des avantages aux marins qui naviguent, qui font campagne; pour eux le bénéfice du cinquième. Quant à ceux qui restent dans leurs bureaux, je trouve qu'on leur a donné de très-bons traitements, de très-bonnes retraites, et les officiers d'administration de la guerre, dont on a beaucoup parlé dans cette Chambre, sont moins bien traités que les agents administratifs de la marine; ces derniers ont l'assimilation aux grades correspondants : les agents de la guerre ne l'ont pas.

Les officiers d'inspection, il est vrai, ne naviguent pas. Quand on a créé l'inspection, elle a été assimilée au commissariat; mais comme elle est recrutée parmi des corps militaires, on leur a conservé le bénéfice du cinquième; c'était justice.

Nous n'avons pas voulu revenir sur les droits acquis.

Quant aux maîtres entretenus qui ne naviguent pas, le bénéfice du cinquième leur est acquis, non pas en vertu de l'assimilation à des corps naviguants, mais en vertu de la loi de 1848, qui leur a conféré ce privilège. Nous n'avons pas voulu détruire ce que des lois spéciales avaient fait pour une classe d'employés excellents et dignes d'intérêt. M. le Mélorel de la Haichois prétend que le maximum de la retraite, fixé à cinquante ans pour les officiers comptables des administrations des arsenaux, est une chose illusoire. Qu'il me permette de lui dire que beaucoup de ces officiers, avant d'entrer dans ce corps, ont fait des campagnes et servi comme marins, comme magasiniers, comme sous-officiers, et qu'ils peuvent arriver par le bénéfice de ces campagnes à ce maximum de retraite.

Par conséquent, il y avait lieu de leur accorder ce maximum, et le droit commun donne toûjours le maximum à cinquante ans de service, campagnes comptées. Nous n'avons rien fait là d'anormal. M. le Mélorel de la Haichois s'est encore plaint d'une autre chose. Il a dit qu'on avait conservé l'assimilation des agents comptables principaux au grade de capitaine de corvette, grade qui n'existe pas de fait dans la marine et qu'on a conservé pour l'assimilation. Je dirai à cet égard que ces agents n'ont pas été assimilés aux capitaines de corvette, mais aux commissaires adjoints. Or, lorsqu'on a créé le grade de commissaire-adjoint, on l'a assimilé à celui de capitaine de corvette. Il en est résulté par suite que les agents comptables assimilés aux commissaires-adjoints se sont trouvés *ipso facto* assimilés aux capitaines de corvette.

Maintenant vient la question des commis de marine. L'honorable membre a dit qu'ils n'étaient pas bien traités par les nouveaux tarifs, et il a demandé pourquoi ces fonctionnaires, qui avaient autrefois le grade de lieutenant, n'avaient pas reçu une augmentation proportionnelle à ce grade, et il a été jusqu'à dire qu'ils étaient plus mal traités que les sous-lieutenants.

Je répondrai que les commis de marine ont 900 fr., tandis que les sous-lieutenants n'en ont que 800. Ils ont le même maximum, il est vrai; mais les commis de marine ne sont plus assimilés au grade d'officier; ils sont assimilés au grade de gardes de génie et d'artillerie, et ont un tarif parfaitement analogue. Comme ils naviguaient, car ils naviguent, on leur a conservé ce bénéfice du cinquième en sus.

En un mot, ils sont si bien traités que, dans certains cas, ils ont une retraite supérieure à leur solde même d'activité.

Le troisième grief, c'est la demande en révision de la loi de 1791. Je l'ai dit dans le rapport, la commission n'a pas cru qu'à propos d'une loi de pensions militaires s'appliquant uniquement à des serviteurs de l'État ayant contracté un engagement vis-à-vis de l'État, elle n'a pas cru pouvoir incidemment venir reviser une autre loi s'appliquant à des marins, sans doute, mais à des marins dont beaucoup ne servent pas l'État.

Il ne faut pas oublier que la loi de 91, si elle s'applique aux ouvriers non classés, c'est-à-dire si ces ouvriers ont une pension ou une demi-solde en vertu de cette loi, elle s'applique aussi à tous les marins du commerce; elle est le couronnement de l'édifice de l'inscription maritime. Je ne viens ici ni défendre, ni attaquer l'inscription maritime.

L'inscription maritime n'est pas en question à propos de cette loi; seulement, je dirai que la commission n'a pas voulu, à propos des pensions, venir reviser la loi de 91.

Elle a reçu de MM. les commissaires du Gouvernement l'assurance que cette question serait mise à l'étude, avec le désir d'améliorer la pension des ouvriers non classés et des demi-soldiers; mais qu'on ne pouvait pas les comprendre dans le tarif actuel.

Je demanderai la permission de citer à la Chambre quelques chiffres pour dire quelle est aujourd'hui la position de ces officiers sur lesquels on s'apitoie tant, et pour montrer qu'elle n'est pas si différente, dans beaucoup de cas, des traitements qui sont accordés par la loi actuelle aux ouvriers inscrits.

L'honorable M. le Mélorel de la Haichois est allé lui-même au-devant de l'objection qu'il faisait. Il vous disait : voyez quelle charge vous imposez aux ouvriers classés? Voilà un ouvrier classé qui est dans les ateliers du commerce; vous le levez; il a un salaire de 6 ou 8 francs par jour ; vous le forcez à venir, quand l'État a besoin de lui, travailler dans les arsenaux de l'État, pour recevoir un salaire de 3 ou 4 francs.

Je dirai que c'est précisément parce que cet ouvrier est dans cette condition que vous l'avez fait entrer dans les prévisions de votre loi; tandis que l'ouvrier libre qui vient servir l'État parce que cela lui plaît, vous ne pouvez pas l'enlever à son chantier pour lui donner un salaire inférieur. Il n'y a donc pas lieu à lui accorder le même traitement. Vous êtes vous-même allé au-devant de l'objection.

Depuis la loi de 1791, la position des ouvriers non classés a été améliorée, et dans quelle proportion, le voici :

Les contre-maîtres de 1re classe, qui avaient 252 francs de retraite, y compris le supplément d'invalidité, ont aujourd'hui 426 francs. Il y a donc pour eux une augmentation de 174 francs.

Ceux de seconde classe et les aides-contre-maîtres de première et seconde classe, et les ouvriers de première classe avaient autrefois 222 francs; ils ont aujourd'hui 390, 360,

188, 252 francs. Il y a donc une augmentation qui varie de 30 à 168 francs par an.

Les ouvriers eux-mêmes ont été améliorés dans une proportion un peu moindre, je le reconnais, mais qui est de 24, 30 et 60 francs. On ne peut donc pas dire que nous soyons sous l'empire d'une législation qui date de 1791, car, en moyenne, l'augmentation équivaut à plus de 30 pour 100 du traitement primitif.

Maintenant le dernier grief de mon honorable collègue a porté sur la caisse des invalides dont il demande la séparation en deux parties, une partie appartenant aux marins du commerce, dits gens de mer, aux ouvriers inscrits et non inscrits, et une autre partie pour servir les pensions dues aux serviteurs de l'État.

Qu'il me permette de le lui dire, s'il a trouvé que la caisse des invalides ne reçoit du Trésor qu'une somme de 4 600 000 fr. pour payer 7 600 000 fr. de pensions militaires, d'un autre côté, elle ne reçoit des marins du commerce qu'environ 1 million, lorsqu'elle paye 3 millions. Sur quoi les prend-elle? Sur ses revenus. D'où viennent ces revenus? D'économies faites par la caisse, de parts de prises faites par les marins de l'État. Il y a eu aussi, j'en conviens, des prises faites par les corsaires, c'est-à-dire par les marins du commerce, mais la plus grande partie des revenus de la caisse proviennent certainement des économies réalisées sur la retenue du matériel, et l'État y a un droit incontestable. Or, si vous allez dire au Trésor : « Reprenez vos pensions! » le Trésor vous dira :

« Je commence par reprendre les 3 pour 100 que je donnais sur le matériel et je revendique ensuite ma part dans les revenus de la Caisse. » Or, vous arrivez ainsi au point même où vous en êtes aujourd'hui. Si l'État prend à sa charge les pensions de ses serviteurs, pensions qui s'élèvent à 7 600 000 fr., il ne se bornera pas à reprendre en compensation les 4 600 000 fr. de retenus.... (Bruit.) C'est un marché que, pour ma part, je ne crois pas le Trésor disposé à faire.

Je crois avoir examiné devant vous toutes les questions qui vous ont été soumises par notre honorable collègue. Je crois y avoir répondu comme je l'avais déjà fait dans le rapport, et avoir bien dit dans quel ordre d'idées s'était placée la commission lorsqu'elle n'a pas voulu accepter les amendements qui lui avaient été présentés. (Très-bien! très-bien!)

M. le Président. La parole est à M. Conseil.

Plusieurs voix. A lundi!

Autres voix. Non! non! continuons!

M. Conseil. Il est un peu tard, il vaut peut-être mieux renvoyer à lundi.

M. le Président. La Chambre ne demande pas la clôture, ni le renvoi à lundi.

Plusieurs voix. Si! si!

M. Conseil. Je demande à la Chambre de renvoyer à lundi. Il n'y a plus beaucoup de membres présents ; d'un autre côté elle est fatiguée, et il est près de six heures, et je pourrais vous retenir un peu tard; et je ne voudrais pas couper mon discours en deux. Du reste, je suis aux ordres de la Chambre.

Voix nombreuses. A lundi.

M. le Président. Il y a encore deux orateurs inscrits sur la discussion générale. Il n'y a pas un intérêt immédiat à ce que la discussion continue aujourd'hui. Je propose donc à la Chambre de la remettre à lundi. (Oui! oui! à lundi!)

(M. le Président indique l'ordre du jour de la séance de lundi.)

La séance est levée à cinq heures trois quarts.

Séance du 17 juin.

L'ordre du jour appelle la suite de la discussion du projet de loi tendant à modifier la loi du 18 avril 1831 sur les pensions de l'armée de mer. Ce projet a été amendé d'accord par la commission et par le conseil d'État.

(MM. le général Allard, président de section au conseil d'État; Chassériau et Dupuy de Lôme, conseillers d'État, siègent au banc de MM. les commissaires du Gouvernement.)

La parole est à M. Conseil.

M. Conseil. Messieurs, il est regrettable de voir dans cette enceinte que les diverses personnes qui viennent défendre et soutenir les intérêts maritimes soient quelquefois en divergence d'opinions. Leur intention est la même, leur but est le même : ils ont tous en vue l'amélioration de la puissance maritime.

Mais, messieurs, cette divergence d'opinions, qui a, selon moi, le tort de jeter du doute dans les esprits, se comprend aisément. Elle provient de ce qu'on se place à différents points de vue. Pour traiter les affaires d'intérêt maritime, il y a deux choses à envisager : la théorie et la pratique. Ceux qui sont marins s'appuient sur les faits, sur la pratique de ce qui se passe, de ce qui se fait, de ce qu'ils voient faire. Ceux qui ne le sont pas s'appuient sur la théorie et voilà comment, en marine, la théorie et la pratique diffèrent essentiellement : ce qui cause un désaccord apparent, bien que je me plaise à constater que nous tendions tous au même but, à l'amélioration et à la sauvegarde des intérêts que nous voulons défendre et soutenir.

Cela dit, je n'entrerai pas dans une discussion très-longue et très-approfondie ; mais cependant, avant de passer aux quelques observations que je vais avoir l'honneur de vous adresser, j'ai besoin de protester contre une opinion émise par notre honorable collègue M. de la Haichois, et que je ne puis pas partager ni avoir l'air d'approuver par mon silence.

En quelques mots, je vous dirai que je ne puis pas accepter l'opinion de notre honorable collègue, qui a émis l'idée de toucher à la caisse des invalides de la marine. Pour moi, la caisse des invalides de la marine est la providence de notre institution maritime, elle produit des bienfaits immenses qu'aucune autre administration financière ne pourrait lui procurer. N'y touchons pas. Laissons-la agir comme elle le fait. La commission du budget, qui la contrôle, qui la vérifie, est venue nous déclarer qu'elle était parfaitement édifiée, que sa régularité était irréprochable, que les bienfaits que cette institution répandait étaient immenses, et que, par conséquent, nous ne devrions pas y toucher. Je voudrais qu'on n'en parlât même jamais.... Inutile d'insister. Je borne à cela ma protestation contre toute mesure qui aurait pour résultat de toucher à une institution aussi bien administrée.

Maintenant, je vais passer aux quelques observations que j'ai à faire sur le projet de loi qui vous est soumis.

J'avais eu l'honneur de présenter à la commission un amendement. Cet amendement avait une prétention assez modeste. Il ne touchait pas d'une manière sensible aux intérêts du Trésor, et, à mon point de vue, il avait un intérêt sérieux : c'est qu'il avait pour but de réparer ce que j'appelle une inégalité, pour ne pas dire une injustice. J'avais demandé que l'article de la loi de 1831, qui autorise les corps qui ne sont pas essentiellement militaires, à bonifier jusqu'à un certain point d'un certain temps de service pour l'obtention de la retraite ou de leur cinquième après douze ans de grade, en naviguant pendant six ans, ou en passant neuf ans dans les colonies ou en navigation ; j'avais, dis-je, demandé que cet article fût réduit à ceci : six ans de navigation, ou six ans aux colonies. Sur quoi, messieurs, basais-je cette proposition ? C'est que je trouvais que six ans de navigation étaient moins pénibles que six ans de colonies, malgré l'opinion de notre honorable rapporteur. Je vous disais en commençant que je m'appuyais sur des faits. Eh bien ! j'ai fait l'expérience de l'un et de l'autre ; j'ai établi la comparaison, et si j'avais à recommencer, j'aimerais mieux faire six ans de navigation que six ans de colonies, et je vais dire pourquoi.

C'est que, en six ans de navigation, celui qui les fait n'est pas, comme celui qui fait six ans de colonies, éloigné de sa patrie, de sa famille. Il y a le temps d'armement, le temps de désarmement, le retour de la campagne, et tout cela est d'une grande douceur pour ceux qui naviguent.

Dans les colonies, c'est bien différent : lorsque nous allons passer six ans dans les colonies, nous y allons sans pouvoir nous faire suivre de notre famille, car nos émoluments ne nous permettent pas de nous en faire accompagner. Nous arrivons dans un pays où la disposition à la nostalgie est on ne peut plus favorable à l'invasion des maladies ; nous regrettons ceux que nous laissons derrière nous et nous souffrons bien plus que ceux qui sont sur les navires.

Je demandais donc qu'à six ans de navigation on assimilât six ans de colonies ; et voici où je trouvais l'injustice ; voici l'argument dont je me servais. Je me disais : voilà un officier d'administration de la marine qui a fait cinq ans de navigation ; il lui reste encore une année pour compléter ses six ans de service. Eh bien, si on le fait passer aux colonies, il faudra qu'il fasse quatre années de colonie, alors qu'une année de navigation était suffisante pour lui donner droit au bénéfice que la loi accorde.

Je trouve cela injuste, et si vous évaluez à neuf ans de colonies les six ans de navigation, il faut au moins que, pour une année de navigation qui me manque, vous ne me fassiez faire que dix-huit mois de temps de colonie. Voilà l'amendement que j'avais présenté à cet égard ; je regrette que la commission ne l'ait pas adopté.

Je passe maintenant à une question qui, dans le sein de la commission, a donné lieu à une grande discussion qui a été portée déjà devant la Chambre ; cependant, j'ai besoin d'en

dire quelques mots parce que je crois qu'elle n'a pas été
traitée dans toute son étendue et que quelques explications
en faveur des employés qui sont frappés, pourront donner
de la force aux arguments que nous avions présentés. Il s'a-
git des agents administratifs et comptables.

Qu'est-ce que sont les agents administratifs et depuis quel
temps existent-ils ? Il y a quelques années la marine était
comme la guerre ; elle avait une armée de marins et une armée administrative; il y avait une administration et une marine, comme dans la guerre il y a une armée et une administration. On est venu prendre une partie des officiers
d'administration de la marine qui avaient été assimilés aux
officiers de l'armée de terre et de mer et on leur a dit : Vous
allez être des agents administratifs, vous allez faire comme
agents administratifs toutes les opérations que vous faisiez
comme employés de l'administration maritime, mais vous
n'aurez plus les mêmes droits que vous aviez quand vous
étiez dans l'administration maritime.

Où a-t-on pris ces agents administratifs ? Dans l'administration de la marine même, dans l'armée de la marine
même ; car dans cette institution nous avons des militaires
et d'autres agents de la marine. On a dit : Nous allons faire
un corps de comptables ; ce corps de comptables fournira
un cautionnement, il aura une comptabilité qu'il n'avait pas
lorsqu'il faisait partie de l'administration même de la marine ;
il aura des charges beaucoup plus grandes, mais en même
temps il ne jouira plus des avantages qu'il avait auparavant,
lorsqu'il n'avait pas ces charges.

Il y a bien plus ; on leur refuse aujourd'hui l'assimilation
aux officiers de marine, et cependant le code pénal maritime, dans son article 55, si je ne me trompe, déclare que
ces officiers, que ces agents administratifs seront juges dans
les tribunaux militaires. Et vous voulez que les juges d'un
tribunal militaire ne soient pas assimilés aux officiers ? Cependant pourquoi a-t-on institué les tribunaux militaires?
Pour que les militaires soient jugés par leurs pairs. Alors
pourquoi voulez-vous qu'un agent que vous qualifiez ici
d'employé civil puisse devenir un juge militaire ?

Pour moi l'assimilation doit être complète, et je n'aurais
pas voulu que les agents administratifs fussent ainsi séparés,
ainsi détachés de leur corps principal.

L'honorable M. Arman nous a présenté à ce sujet, dans la

commission, un amendement; il l'a soutenu avec beaucoup de talent, et certainement j'aurais voulu que la commission adoptât sa proposition.

Le conseil d'État, les commissaires du Gouvernement nous ont dit leurs motifs de refus, il faut que vous les connaissiez ; ils ont une apparence spécieuse.

MM. les commissaires du Gouvernement nous ont dit ceci: Comment voulez-vous que nous accordions le cinquième en sus, après douze ans de service, à des hommes qui ne peuvent pas courir la chance d'être tués au service du pays ?

Voilà le raisonnement du Gouvernement : Nous ne donnons cette faveur qu'aux militaires qui répondent affirmativement à cette question : Pouvez-vous mourir en combattant? S'ils d: ent *oui*, ils sont dans la loi ; s'ils disent *non*, nous les en excluons.

Voilà l'opinion qui a été émise, si je ne me trompe, par MM. les commissaires du Gouvernement.

Eh bien, messieurs, ces hommes ne naviguent pas, c'est vrai ; dans ce moment, leurs attributions ne leur permettent pas de naviguer. Mais, pour être logique, il n'aurait pas fallu que le Gouvernement vînt nous dire, en même temps, que nous ne leur donnons pas ce bénéfice, parce qu'ils sont agents non naviguants; nous le donnons à d'autres qui ne naviguent pas plus qu'eux.

Certes, je ne veux pas que, dans un intérêt d'égalité, on vienne dire : nous allons retirer cet avantage à ceux qui l'ont obtenu, pour que leur position soit la même dans les deux cas. Si mes paroles, messieurs, devaient avoir un pareil résultat, je les regretterais profondément. Non : vous donnez cet avantage aux agents de l'inscription, du contrôle, aux maîtres entretenus, et vous faites bien ; ne leur retirez pas cet avantage ; mais faites de même pour les agents administratifs.

L'honorable M. Reille vous a dit une chose qui vous a tous frappés ; il a dit : « Nous n'avons pas retiré cet avantage aux agents dont il s'agit, parce qu'une loi de 1848 le leur avait accordé, et nous n'avons pas voulu toucher à cette loi. »

Remarquez bien que, outre les maîtres entretenus, vous avez les conducteurs de travaux : ces derniers ont le même avantage, et il n'y a pas la même loi de 1848 en leur faveur.

Ainsi donc, nous n'avons pas été logiques. Il y avait un moyen bien simple, bien plus naturel de faire disparaître cette différence, qui est, pour moi, choquante, et qui, selon moi, fait tort à la loi, c'était de remettre les agents administratifs dans l'administration de la marine où vous les avez pris, où ils étaient et où ils sont encore, administrativement parlant.

Ces agents, dites-vous, ne naviguent pas. Mais vous allez les faire naviguer avant peu. Vous aller créer des établissements dans l'Inde ; vous allez avoir là des chantiers de construction ; il faudra, pour la comptabilité de ces chantiers éloignés, des agents administratifs. Vous allez en envoyer en Cochinchine. Est-ce que vous croyez que ces agents seront des hommes qui ne navigueront pas et ne seront pas exposés à mourir pour le pays, quand ils vivront au milieu de marais infects et qu'ils seront obligés de prendre le mousquet si les indigènes viennent les attaquer ? Est-ce que ceux qui sont ici dans les bureaux de l'administration supporteront tout cela ?

Il eût été plus simple de faire rentrer les agents administratifs dans l'administration, et vous auriez ce que vous aviez il y a quelques années, où la marine comprenait une marine militaire et une marine administrative comme la guerre, dont l'organisation est parfaitement convenable et tout à fait bien faite.

Maintenant, messieurs, savez-vous ce qui arrive ? Dans ces agents comptables, dans ces chefs de manutention, dans ces agents administratifs enfin, nous avons des militaires, des hommes décorés pour faits de guerre et qui ont par conséquent un droit presque imprescriptible acquis au bénéfice du cinquième en sus. En vertu de la loi actuelle, vous allez le leur retirer. En vérité cela n'est pas possible ; je compte sur la bienveillance et sur la jurisprudence du conseil d'État, pour que les pensions qui seront liquidées à des individus qui auront plus de six ans de navigation ou de service aux colonies, qui auront servi dans l'artillerie ou dans l'infanterie de marine, militaires militants, et même dans l'administration, je compte sur la bienveillance du conseil d'État pour leur faire droit et liquider ces pensions, de manière à ne pas commettre une injustice regrettable et malheureuse.

Le conseil d'État a jugé prudent, dans sa sagesse, de nous offrir une compensation incomplète à la situation fâcheuse des chirurgiens de marine par un article additionnel. On a dit : Nous allons sauvegarder les droits acquis. Les chirurgiens-majors qui sont aujourd'hui chirurgiens-majors seront pensionnés avec le bénéfice de la loi de 1831, lorsqu'ils seront mis à la retraite.

Eh bien! comme les agents administratifs avaient jusqu'à présent leurs pensions réglées de la même manière quant aux droits acquis, je demande qu'on les leur sauvegarde également. J'espère qu'avant qu'il soit longtemps un décret d'organisation, qui n'a pas besoin d'une loi et qui peut se faire dans les bureaux, viendra rétablir les choses comme elles doivent être et rendre à ces employés, qui certes n'ont pas démérité, ce qu'ils ont le droit de réclamer.

Voilà ce que j'avais à dire sur les agents administratifs.

J'ai encore deux observations à vous faire et puis ce sera fini.

Je passe aux chirurgiens de marine.

Ici j'ai un regret à exprimer et un regret qui est bien profond, car la commission a eu là une mission bien pénible à remplir, et il faut qu'elle ait été bien convaincue qu'elle remplissait un devoir pour que la majorité ait persisté dans sa résolution.

Le Gouvernement a proposé pour les chirurgiens de marine une mesure parfaitement équitable et parfaitement juste, qui n'avait qu'une apparence de faveur, mais une apparence seulement; car si vous descendez au fond des choses, vous allez voir, messieurs, que le Gouvernement a eu parfaitement raison de faire la proposition qu'il a présentée pour les chirurgiens de la marine et que la commission a eu tort de la repousser.

Les chirurgiens de marine, d'après la loi de 1831, jouissaient lorsqu'ils prenaient leur retraite de la pension du grade supérieur.

Eh bien! messieurs, était-ce motivé? Oui, c'était motivé en ce que les chirurgiens-majors de la marine n'avaient aucun avenir, parce que les chirurgiens-majors de marine ne peuvent pas passer d'examens quand ils le veulent.

Eh bien! la loi de 1854 est venue; elle avait pour objet d'améliorer la position des officiers de santé, et, par le fait, elle ne l'a pas améliorée; elle a créé vingt-cinq chirurgiens principaux, et ces vingt-cinq chirurgiens principaux ne peuvent être nommés qu'après huit ans de grade de chirurgien-major de première classe. Il s'ensuit que ces hommes ne peuvent jamais atteindre le maximum de leur retraite comme chirurgiens principaux, parce qu'il leur faut huit années de grade de chirurgiens-majors de première classe pour devenir chirurgiens principaux ; et quand il faut qu'ils en fassent encore douze comme chirurgiens principaux, il en résulte qu'ils ne peuvent jamais atteindre à la retraite de ce grade. Le conseil d'État, le Gouvernement a été plus protecteur, plus paternel pour eux que la commission. Le Gouvernement est venu nous dire : Messieurs, nous croyons juste que les chirurgiens principaux cumulent leurs années de service comme chirurgiens principaux avec leurs années de service comme chirurgiens-majors de la marine. En cela, je trouve que le Gouvernement avait parfaitement raison.

On a voulu assimiler les chirurgiens de la marine aux chirurgiens de l'armée. Ce n'est pas moi qui viendrai ici décrier les chirurgiens de l'armée. Je n'ai rien à en dire, ou plutôt je n'ai que des éloges à leur adresser ; mais je viendrai vous dire ce que vous ne savez pas probablement, et ce que la majorité de la commission ignorait, sans doute, c'est que nos chirurgiens de marine ne peuvent pas être assimilés, pour les services qu'ils rendent, pour les obligations qu'ils supportent, aux chirurgiens de l'armée de terre.

Que sont donc nos chirurgiens de marine ? Qu'en faites-vous ? Où les envoyez-vous ? Dans les établissements du Sénégal où, pendant trois ans, vous les placez avec trois ou quatre Européens et une vingtaine de laptos. Quand ils ont passé trois ans dans ce pays, dans quel état reviennent-ils ? Ils en reviennent avec des maladies incurables, avec des maladies de foie, des maladies intermittentes, dont ils conservent les traces toute leur vie. Pendant qu'ils sont dans des blockaus, au milieu des bois, comment peuvent-ils s'instruire, travailler ? Vous savez que les chirurgiens de marine ne peuvent avancer qu'en subissant des examens. Il faut qu'ils subissent des examens, et souvent vous les faites partir pour la mer au moment où ils allaient les subir. Leur carrière en est entravée et ce n'est pas leur faute.

Alors, messieurs, quand ils ont passé trois ans dans ces pays malsains et qu'ils reviennent dans un état impotent, que font-ils ? Ils demandent un congé de convalescence de six mois ; c'est pendant ces six mois de convalescence qu'ils travaillent à l'examen qu'ils vont avoir à subir, s'ils ne veulent pas rester éternellement dans les grades inférieurs.

Mais ce n'est pas tout : vos chirurgiens de marine, vous n'en avez pas la moitié de ce qu'il vous en faudrait, non-seule-

4

ment dans l'intérêt du service militaire, mais dans l'intérêt civil de vos matelots. Ainsi, votre loi sur les pensions déclare que les pensions sont accordées selon la nature des décès. Nous avons des marins qui meurent avant d'avoir accompli leur temps de service nécessaire; mais si ces marins ne sont pas morts des suites de certaines maladies déterminées ou des suites de leurs blessures, leurs veuves n'ont pas droit à pension. Et alors même que les marins sont morts dans des conditions d'où résulteraient des droits à pension pour leurs veuves, il y a des cas, des circonstances où il n'y a pas de certificats possibles pour constater les faits.

Je vais vous présenter un exemple saisissant, pour vous faire comprendre ma pensée.

En Cochinchine, nous avions beaucoup de malades, et comme les hôpitaux n'étaient pas organisés, l'amiral Charner eut l'idée de renvoyer en France une partie des passagers malades; mais n'ayant pas de bâtiment français à sa disposition, il affréta un bâtiment anglais, l'*Eglinton*, appartenant à la fameuse compagnie Lindsay, qui a tant d'intérêt à l'égalité des droits de pavillon entre les deux marines marchandes. On embarqua donc les passagers français sur le bâtiment anglais. Qu'arriva-t-il? On en jeta cinq à la mer pendant la traversée. De quoi étaient-ils morts? Était-ce des suites de leurs blessures? Était-ce de maladies contractées à bord? Était-ce de fluxions de poitrine? On n'en sait rien, parce que les états-majors anglais se soucient fort peu de ceux qu'ils transportent sur leurs bâtiments; ils ne dressent pas même d'actes de décès qui puissent constater les droits des héritiers et des ayants cause. Le bâtiment décharge ses passagers; cinq individus manquent à l'appel, on se contente de constater leur absence comme on constaterait l'absence de cinq balles de marchandises en moins, voilà tout. (On rit.)

Cela, messieurs, n'est pas risible; vous allez voir où cela mène; vous allez voir comment les droits civils de ces malheureux sont compromis.

Voilà cinq veuves qui viennent me dire : « Monsieur le député, nos maris sont morts, et ils sont morts dans la traversée : nous voudrions pouvoir obtenir une pension. » Ou bien elles s'adressent à leur commissaire, car un commissaire est le protecteur né de ces pauvres gens. Le commissaire leur dit : « Mais, mes pauvres femmes, pour que je vous accorde des pensions il faut que vous me présentiez des actes de décès. — Ah ! monsieur, il n'y en a pas. — Eh bien, comment voulez-vous que je vous donne des pensions ? »

Cependant ces braves femmes, n'ayant plus de mari, plus de moyens d'existence, que vont-elles faire? Elles se présentent à la caisse d'épargne pour en retirer leurs économies, et là on leur dit : « Où sont les actes de décès de vos maris ? » Vous ne pouvez rien toucher sans ces pièces. Les malheureuses se retirent; elles rentrent chez elles et elles se disent : maintenant nous allons vendre un petit morceau de terre pour avoir les moyens de vivre. Elles veulent vendre, elles ne le peuvent pas ; elles veulent marier leurs filles, elles ne le peuvent pas, toujours faute d'avoir les actes de décès de leurs maris. Dans cette situation déplorable ne pouvant rien faire, ne pouvant pas même recevoir la paye de leurs maris jusqu'au moment du décès de ceux-ci, les voilà réduites à être privées pendant cinq ans de leurs droits civils.

Dans cinq ans, un jugement viendra leur rendre leurs droits; mais ce jugement l'obtiendront-elles sans frais? Oui, si elles sont mendiantes, et si elles ont le droit de recourir à l'assistance judiciaire ; mais si elles ont quelques morceaux de terrain, c'est avec cela qu'elles devront subvenir aux frais de l'instance. Et, pendant cinq ans, il aura fallu vivre comme elles auront pu et sans pouvoir exercer aucun droit civil.

Lorsqu'on expédie des passagers malades de ces pays lointains en France, on devrait placer à bord un médecin, un chirurgien. Ne serait-ce pas une bonne chose? Mais il n'y a pas assez de médecins, les services d'ambulance dans ces pays et ici étant déjà très-réduits. Voilà ce qui est arrivé. Cela n'aurait pas lieu avec le moyen que j'indique, parce qu'on prendrait soin des passagers et qu'on dresserait des actes de décès.

N'y a-t-il pas encore des questions d'héritage qui peuvent avoir des conséquences immenses pour les héritiers? Un individu est mort aujourd'hui ; mais s'il était mort le lendemain, les héritiers auraient eu peut-être des droits qu'ils n'ont pas aujourd'hui.

En résumé, messieurs, revenant à la situation des officiers de santé de la marine, je dis que cette situation est terrible. Les chirurgiens de marine sont constamment en présence de fléaux de toute nature. Quand vous les reléguez dans ces pays dont je vous ai parlé tout à l'heure, ils ne sont pas dans la position d'un officier de marine qui fait dix-huit mois de station, et la station se fait sur mer, on va d'un point à un autre; ils restent dans des pays malsains, au milieu des miasmes les plus malfaisants pendant deux et trois années. Quand ils reviennent (et combien sont-ils, ceux qui reviennent)? dans quel état sont-ils? Ils sont à l'état de spectres et de cadavres. On les envoie aux eaux, ceux qui peuvent y aller; d'autres arrivent pour mourir chez eux. J'ai vu des malheureux marins qui revenaient en France, malades, infirmes, et qui n'ont pas contracté de ces maladies, de ces infirmités qui peuvent donner lieu, comme le choléra par exemple, à une pension.

Je dis donc qu'il n'y a pas d'assimilation exacte entre les chirurgiens de la marine et les chirurgiens de l'armée de terre.

Ce ne sont pas les mêmes peines ni les mêmes fatigues. Si vous voulez les assimiler, faites au moins que les chirurgiens-majors de deuxième classe de l'armée de terre, qui sont assimilés aux chirurgiens-majors de première classe de l'armée de mer, ne soient pas payés 2990 fr., quand ceux-ci n'en ont que 2400.

Enfin, cette création de chirurgiens principaux se trouve, par le fait de votre loi, être plus nuisible qu'utile aux intérêts du corps des chirurgiens de marine; car outre la privation de la retraite du grade supérieur pour les chirurgiens de première classe, elle leur enlève encore le supplément de 500 fr. par an qui était accordé aux quarante plus anciens.

M. de Kervéguen vous a dit une chose extrêmement vraie, extrêmement exacte, que je ne pourrais dire aussi bien que lui. Je m'abstiens, par conséquent, d'entrer dans ces détails; mais je remercie le Gouvernement d'avoir proposé une mesure que je regrette que la commission ait repoussée.

Messieurs, si je ne fatigue pas trop votre patience (non! non!), je vais terminer par la dernière observation que j'ai à faire; ce n'est pas seulement une observation, ce sont des indications que je me permettrai de donner pour qu'elles restent gravées, je ne dirai pas dans vos esprits, mais dans le *Moniteur*, pour qu'on puisse un jour les y retrouver quand on aura à s'occuper de la question qui nous intéresse aujourd'hui; autrement, avec le temps, on pourrait les oublier.

Messieurs, on parle toujours d'assimilation de la marine
à la guerre. Eh bien ! il est des circonstances où il faut que
cela soit. Et ici, messieurs, je vais vous en proposer une que
certainement vous approuverez ; je suis bien certain que
vous serez de mon avis, parce que je crois que beaucoup
d'entre vous ne se doutent pas de ce qui arrive ; je veux parler des exemptions. Je voudrais, pour favoriser les matelots
de l'inscription maritime, qu'on leur accordât les exemptions qu'ont nos soldats de l'armée de terre : c'est-à-dire que
le malheureux vieillard septuagénaire ou octogénaire, qui
n'a qu'un fils unique, ne fût pas privé de son fils. Je voudrais qu'une mère même qui est infirme, qui n'a qu'un fils,
n'en fût pas privée ; je voudrais qu'une femme qui a cinq
ou six enfants n'en fût pas privée ; je voudrais qu'on lui en
laissât au moins un. Eh bien, messieurs, dans la marine,
rien de cela n'est permis ; en marine, il n'y a pas d'exemption : si j'ai un fils dans la marine ou un fils destiné à la marine, aucune raison ne peut l'exempter du service. A-t-il des
frères au service, il servira tout de même ; que sa mère soit
aveugle, infirme, il partira. Il n'y a pas d'exemption. Je voudrais que cette égalité fût établie ; je voudrais que l'on accordât l'exemption aux marins comme on l'accorde aux soldats ;
mais vous me direz peut-être : « Prenez garde, vous allez
toucher à l'inscription maritime, » et Dieu sait si je voudrais
y toucher : si cela pouvait lui être nuisible, je serais le premier à attaquer la mesure que je soutiens dans ce moment.
Mais, non, messieurs, je suis convaincu que cette mesure
produira un grand bienfait aux populations maritimes et en
même temps un grand entraînement au service du pays.

Il y a quatre ans, je crois, j'ai eu l'honneur de vous parler
d'une pauvre veuve qui avait quatre fils, qui, tous les quatre,
lui furent enlevés pendant la guerre de Crimée, et qui, dans
l'espace de dix mois, lui furent ravis par la mort. Cette pauvre veuve est restée privée de ses quatre fils, sans pension.
Mais, messieurs, si l'on avait accordé aux marins l'exemption
que je réclame pour eux, cette femme aurait toujours eu un
fils pour la soutenir, et elle n'aurait pas perdu tous ses enfants et tous ses moyens d'existence. Il lui en serait resté un
pour la soutenir et la consoler.

Eh bien ! je voudrais, lorsqu'on prend pour le service un
chef de famille, un garçon qui est chef de famille, qui sert à
nourrir la famille, s'il a un frère, que ce frère fût exempté,

pût prendre sa place dans le bateau de pêche et continuer à
nourrir la famille.

Il est évident que c'est une chose cruelle pour un homme
qui a deux enfants dont l'un est marin et dont l'autre ne
l'est pas, de voir ce dernier non exempté et pris pour le
service.

M. le général Allard, commissaire du Gouvernement. C'est une
erreur complète ; je vous répondrai.

M. Conseil. Je serais charmé que vous pussiez détruire ce
que vous appelez une erreur, mais j'ai vu cela bien souvent,
et je vous citais tout à l'heure l'exemple de la veuve Lelouët
qui reçoit un secours de 100 fr. parce qu'elle a perdu ses
quatre enfants en Crimée, et dont le mari avait péri l'année
précédente en allant porter secours à la corvette *la Nayade*
qui était en danger. Moi-même, qui ai été pris par la marine, bien que j'eusse un frère au service, je n'ai pas été
exempté et je n'aurais pas pu l'être. S'il a été introduit un
changement dans la loi à cet égard, je l'ignore; mais je serais
heureux d'apprendre que ce changement existât. Cela, je
vous l'assure, ne ferait pas le moindre tort à l'inscription
maritime. Tous nos Bretons qui viennent s'embarquer,
quand ils savent qu'ils abandonnent leurs parents sans secours, ne le font pas de bon cœur.

Mais si ces hommes avaient derrière eux un des leurs qui
restât dans la famille, ils viendraient se ranger avec bonheur
sous le drapeau qu'ils savent si bien défendre.

Maintenant, messieurs, je voudrais encore une chose.
Quand vous prenez des soldats, vous leur donnez une prime;
lorsque vous les reprenez, vous leur donnez une nouvelle
prime. Eh bien ! je voudrais qu'on accordât une prime au
matelot quand on l'appelle au service pour la seconde fois ;
mais je ne voudrais pas que cette prime lui fût accordée di-
rectement, je voudrais qu'elle fût donnée à la famille, parce
que si vous la donniez au matelot, il la dépenserait peut-être
et il n'en résulterait aucun bien pour sa famille. Mais si vous
rendiez à la famille cette prime bienfaisante, vous lui don-
neriez des moyens d'existence, elle trouverait un adoucissement à sa position et les moyens de vivre que vous lui avez
enlevés.

Je voudrais donc qu'on accordât une prime aux matelots
repris pour le service.

Quant aux pensions, messieurs, je traiterai cette question,

quoiqu'elle ait été déjà débattue, parce que je crois que j'ai quelques lumières à apporter dans cette question.

Je n'en dirai qu'un mot.

Nous avons des demi-soldiers qui se composent de matelots inscrits et d'ouvriers des ports; nous en avons 31 000, c'est-à-dire 31 000 hommes cinquantenaires et au-dessus qui ont atteint l'âge de l'invalidité.

Eh bien! sur ces 31 000 hommes, il y en a 11 000 seulement qui atteignent la pension dite demi-solde, et qui leur est payée en vertu de la loi de 1791; c'est-à-dire un sur trois. D'où vient donc cette énorme différence? d'où vient donc qu'un seul des trois arrive? C'est qu'on exige 300 mois de navigation pour que ces malheureux puissent atteindre à la pension. Je dis que 300 mois de navigation, c'est énorme, parce qu'il est impossible de faire 300 mois de navigation. Ces pêcheurs ne peuvent naviguer que pour aller à la pêche. Admettez qu'ils fassent la pêche pendant six mois de l'année; il leur faudrait 50 ans pour faire 300 mois de navigation, et encore je ne parle là que des pays où le temps de la pêche est le plus long. Dans ceux où la pêche ne dure que trois ou quatre mois par an, il faudrait à ces hommes 70 ans de navigation pour avoir droit à la pension de demi-solde. Je voudrais donc qu'on ne portât pas le chiffre à un taux aussi élevé; ce serait un grand bien, et cela ne porterait pas un grand préjudice à la caisse des invalides.

Notre honorable rapporteur M. Reille, auquel je dois ici des remercîments pour la pensée généreuse qu'il a exprimée dans la commission, dans un noble sentiment de dévouement pour la marine, avait fait une proposition qui paraissait juste dans le principe, mais qui, à la réflexion, a été repoussée par le Gouvernement, et je comprends que le Gouvernement l'ait repoussée. L'honorable M. Reille, frappé des services que rendaient nos matelots à terre comme en mer, a fait une observation judicieuse; il a dit : Les soldats de l'armée de terre, en campagne, ont les bénéfices de campagne, pourquoi n'accorde-t-on pas les mêmes bénéfices à nos matelots qui sont à terre, qui montent à l'assaut à côté de nos soldats, et qui font le même service que les soldats? On lui a répondu : cela arrive très-rarement; ce sont des cas très-exceptionnels.

Mais, a répliqué M. Reille, dans la guerre de Crimée, nous avons eu des matelots qui ont fait autant de mois de tranchée que les soldats de l'armée de terre. Eh bien ! pourquoi n'accordez-vous pas à ces matelots les mêmes avantages ? On a fait une observation qui m'a paru très-fondée et qui m'a arrêté. Mais, messieurs, comment distinguerez-vous les hommes qui sont à bord et les hommes qui sont à terre? Comment ferez-vous une différence avantageuse aux uns, nuisible aux autres ? Tous ces hommes servent également, et la difficulté est de spécifier le temps qu'ils passent au service à terre; vous envoyez une compagnie de débarquement aujourd'hui, demain une autre, et ce serait là une véritable difficulté qui produirait une grande confusion.

Mais il y a un moyen bien simple, c'est une pensée que la réflexion m'a suggérée; elle ne m'est pas venue tout de suite, parce qu'on ne pense pas à tout.

Ce moyen, si je l'avais présenté dans la commission, l'honorable M. Reille l'aurait appuyé de toutes ses forces et peut-être la commission et le Gouvernement auraient-ils partagé mon avis. Le voici : vous donnez aux soldats qui sont en campagne un bénéfice de campagne, parce qu'ils sont en campagne ; accordez aux matelots le même bénéfice dès qu'ils font partie d'une expédition, parce qu'ils servent aussi bien l'État que les soldats de l'armée de terre.

Alors ce ne seront plus 11 000 individus qui arriveront à la retraite, mais ce seront 15 000 et 20 000 marins auxquels vous donnerez ainsi le moyen d'arriver à une pension à laquelle ils ont droit et que vous ne pouvez leur refuser. Voilà une assimilation que j'appellerai une assimilation heureuse avec l'armée de terre.

Il a été aussi question d'exonération. Ici, que les honorables orateurs qui ont préconisé cette mesure me permettent de ne pas partager leur opinion, et je vais dire pourquoi :

Nous avons, dans la marine, des exonérations, mais c'est seulement sur une portion de la population maritime, c'est sur les marins de recrutement ; or, les matelots de recrutement doivent être distingués de ceux de l'inscription maritime ; ce sont des hommes que l'armée nous envoie pour un engagement de sept ans ; on les choisit ordinairement dans des conditions avantageuses de force physique, afin qu'ils soient employés comme fusiliers ou comme canonniers ; ils font le service pendant sept ans, au bout desquels ils sont libérés ; mais ces hommes qui ne sont pas nés marins, qui vivent dans l'intérieur, qui n'ont pas la vocation de marin, ne res-.

tent pas dans la marine; il n'y en a que trois sur cent qui passent dans l'inscription maritime, ils demandent le droit d'exonération, et ils coûtent fort cher au Gouvernement pour être instruits dans leur état de fusiliers ou de canonniers, et pour être employés dans d'autres fonctions. — Au bout de sept ans, ces hommes, qui ont été mis à même d'être très-utiles au Gouvernement, sont libérés, et les sacrifices qu'ils ont coûtés à l'État ont été faits en pure perte.

Je ne vois pas grand mal à laisser cette exonération, parce qu'on remplace un homme de recrutement par un homme de recrutement, c'est toujours un soldat pour un soldat; mais, pour l'inscription maritime, cela aurait une gravité bien autrement grande. Dans l'inscription maritime où le marin a la vocation avant d'avoir l'état, vous remplaceriez un matelot qui pourrait être excellent par un matelot du même grade qui serait un mauvais matelot. Je rendrai cette comparaison sensible par un exemple. Nous avons des matelots du commerce, des maîtres de manœuvres à bord des bâtiments de commerce, qui, sur les matricules de l'inscription maritime, ne sont que matelots de troisième, deuxième ou première classe. Si vous leur donniez la faculté de s'exonérer, il faudrait les remplacer par des matelots de l'État qui ne les vaudraient pas quoique ayant le même grade, et l'inscription maritime en souffrirait. Tous les patrons de bateaux trouveraient le moyen de s'exonérer, parce que ce sont des hommes d'élite qui gagnent de l'argent; nous serions donc privés de nos meilleurs marins. Bien qu'il y ait quelque chose de pénible à voir qu'une portion de la population maritime soit exonérée et que l'autre ne le soit pas, je maintiens qu'il faut laisser les choses comme elles sont, parce que sans cela l'inscription maritime serait atteinte, et qu'à aucun prix je ne veux qu'on la supprime.

L'inscription maritime est la sauvegarde de la France, et nous aurions beau être la première nation du monde comme puissance militaire, nous ne serions pas sauvegardés suffisamment si nous n'avions pas une marine imposante qui pût nous assurer les droits auxquels notre pays peut et doit prétendre.

Il y a encore dans cette exonération un autre inconvénient que vous allez comprendre.

Tous les partisans de la marine reconnaissent que nos états-majors sont incomplets, insuffisants; qu'il n'y a pas assez d'officiers de marine. Le Gouvernement répond avec raison : Oui, mais en temps de guerre, nous avons nos capitaines au

long cours qui sont d'excellents marins et dont nous faisons
des enseignes de vaisseau. Mais, messieurs, ces capitaines au
long cours s'exonéreraient pour éviter la position qui leur
est faite, et vous les perdriez infailliblement : c'est pour ne
pas priver la marine d'une de ses forces vives, à un moment
donné, que je veux qu'on les conserve, l'honneur du pays
devant être sauvegardé à tout prix.

A propos des capitaines au long cours, je remarque qu'on
les assimile, pour la pension, aux enseignes de vaisseau, quand
ils ont deux ans de service à bord des bâtiments de guerre,
ou six ans de commandement. Il ne me paraît pas judicieux
d'établir des conditions pareilles pour donner des faveurs,
car les faveurs reviennent à ceux qui seraient le plus suscep-
tibles de s'en passer.

Vous donnez à ceux qui peuvent avoir six ans de commandement ; mais quels sont les capitaines qui ont six ans de commandement ? Ce sont ceux qui ont un intérêt dans les bâtiments
qu'ils commandent ; car ils n'auraient pas de commandement
s'ils n'y avaient pas un intérêt : ils ont des bénéfices de con-
signations, des bénéfices sur les marchandises qu'ils peuvent
transporter sans frais, et ils peuvent enfin gagner de l'argent.
Eh bien! je dis que quand vous reviserez la loi des pensions,
vous élèverez celle des capitaines au long cours et surtout
celle des matelots inscrits et des ouvriers des ports.

Je termine, messieurs, je vous demande pardon d'avoir
occupé votre attention, et je vous remercie beaucoup d'avoir
bien voulu me l'accorder. Je ne suis pas de ceux qui pensent
que la violence donne de la force au raisonnement ; au contraire, quand je m'adresse à vous, messieurs, je cherche à
toucher votre cœur, bien plus qu'à surexciter votre esprit ; je
viens solliciter vos sympathies ; je viens vous prier de vous
joindre à moi pour que, dans l'expression de nos vœux, nous
soyons plus forts auprès du Gouvernement, et que je sois
autorisé à dire au Gouvernement, dans notre vœu commun:
Améliorez la position des marins inscrits et des ouvriers des
ports ; présentez-nous l'année prochaine, à l'ouverture de la
session, une loi qui améliore cette position ; nous vous en
rendrons grâces, nous vous bénirons, et vous aurez fait une
bonne action.

Sur un grand nombre de bancs. Très-bien! très-bien!

M. le général Allard, président de section, commissaire du
Gouvernement. Je dois un mot de réponse à l'honorable

M. Conseil, et je commence par lui demander pardon de l'avoir interrompu, lorsque je l'ai entendu émettre une opinion très-étrangère, assurément, au projet de loi qui nous occupe, mais enfin qui avait une grande portée par l'erreur qu'elle tendait à propager. Cette opinion était celle-ci :

Les familles de marins semblent être mises hors la loi, car le frère n'exempte jamais le frère, et une famille de marins se trouve dévolue tout entière au service de l'État.

Voilà bien l'opinion émise par l'honorable M. Conseil; voilà, messieurs, l'état des choses tel qu'il est établi par la loi de 1832 sur le recrutement de l'armée.

En ce qui concerne d'abord la dispense, l'article 14 de cette loi porte que les inscrits maritimes que leur âge et leur numéro de tirage appellent à faire partie du contingent d'une classe sont dispensés.

Pour ce qui est relatif à l'exemption, c'est l'article 13 qui est applicable, et ses dispositions sont aussi précises.

Il porte :

« Seront exemptés et remplacés dans l'ordre du numéro subséquent les jeunes gens que leur numéro désignera pour faire partie du contingent et qui se trouveront dans un des cas suivants, savoir :

« 6° Celui dont un frère sera sous les drapeaux à tout autre titre que celui de remplacement. » Et remarquez que cela s'applique aux armées de terre et de mer.

« 7° Celui dont un frère sera mort en activité de service, ou admis à la retraite pour blessures reçues dans un service commandé ou infirmités contractées dans les armées de terre et de mer. »

Les marins, comme on le voit, sont particulièrement désignés dans le texte de l'article. Mais il y avait une difficulté pour appliquer cette disposition, car le marin inscrit doit servir l'État jusqu'à cinquante ans, et il n'était pas possible d'admettre que ce marin, pendant tout ce temps, depuis dix-huit ans jusqu'à cinquante ans, pût constamment conférer l'exemption à un frère.

Cette difficulté ne se rencontrait pas dans l'armée de terre; mais pour la marine, il était indispensable de procéder d'une manière spéciale dans l'application de la loi. C'est ce qui a été fait par voie d'instructions concertées entre les deux départements de la guerre et de la marine, adressées aux préfets et aux conseils de révision, et desquelles il résulte :

« Qu'un inscrit confère l'exemption à son frère quand cet inscrit compte dans une classe et jusqu'à libération de cette classe ;

« Qu'il confère la même exemption lorsqu'il décède dans cette position. »

Ce qui veut dire que, lorsqu'un inscrit a été appelé conformément à la loi de recrutement, si, par son numéro, il est compris dans le contingent, il confère l'exemption à son frère pendant toute la durée du service, c'est-à-dire pendant sept ans. Passé ce temps de service, le droit est épuisé, par une assimilation naturelle avec ce qui se passe dans l'armée de terre.

Enfin, l'inscrit maritime confère encore indistinctement l'exemption, lorsque, *en temps de guerre*, il est embarqué sur les bâtiments de l'État.

Telle est la jurisprudence. Elle est très-nette et ne peut laisser de doute dans l'esprit de personne.

M. Conseil. Mais c'est pour les matelots de recrutement.

M. le général Allard, commissaire du Gouvernement. Sans doute. Je ne veux parler, en effet, que des matelots du recrutement, parce qu'il s'agit de la loi du recrutement.

Quant à l'inscrit maritime qui a satisfait à la loi de recrutement sans être compris dans le contingent, ma réponse est simple. Celui-ci ne sert l'État qu'en vertu de sa propre volonté, car s'il veut bien n'exercer aucune profession maritime, il cesse à l'instant d'appartenir à l'inscription. L'inscription maritime constitue en effet, suivant le principe de la loi de brumaire an IV, une sorte de contrat entre l'État et l'inscrit, par lequel le bénéfice des professions maritimes est assuré exclusivement à l'inscrit, à la condition de venir servir sur les bâtiments de la flotte jusqu'à l'âge de cinquante ans, toutes les fois qu'il en est requis. C'est ce contrat qui forme la base de cette institution de l'inscription maritime, que l'honorable M. Conseil vient de louer (et je l'en remercie), et qui produit cette sorte d'anomalie à laquelle on a fait allusion, et qui s'explique dès lors tout naturellement.

Quant aux inscrits maritimes, encore une fois, qui servent dans les conditions de la loi de 1832, ils se trouvent dans le droit commun de cette loi, et ils participent à tous les avantages qu'elle confère en matière de dispense et d'exemption. On a dû se préoccuper de la situation qui serait faite ainsi à l'État à l'égard d'un inscrit qui, comme tel, aurait fait prononcer sa dispense, et qui demanderait plus tard sa radiation de l'inscription maritime. La loi de 1832 le saisit à nouveau dans ce cas, et cet inscrit subit toutes les conséquences du contingent de la classe à laquelle il a appartenu. Voilà les faits rétablis, et ils dissiperont, je l'espère, l'erreur dangereuse qui avait été émise par l'honorable préopinant.

M. Conseil. Je demande à répondre un mot. (Réclamation.) Permettez, messieurs, il y a une erreur très-grande.

Je demande pour les matelots inscrits maritimes ce qu'on accorde aux matelots du recrutement, qu'ils puissent exempter leurs frères pendant qu'ils seront au service, et que, s'ils n'ont pas les sept ans ils ne les exemptent pas.

Accordez aux inscrits maritimes les faveurs d'exemption que vous donnez aux matelots du recrutement.

Ainsi, on dit qu'il y a un contrat. C'est vrai, l'inscription maritime est un contrat. C'est une modification que je propose, et qui me semble être une amélioration, parce que je trouve pénible qu'une veuve qui n'a qu'un fils se le voie enlever, tandis que, si son fils n'était pas marin, il lui resterait indéfiniment. Je demande qu'on fasse pour les matelots de l'inscription maritime ce qu'on fait pour les marins du recrutement, qu'ils jouissent des mêmes droits d'exemption que les soldats ou les matelots de recrutement.

M. le général Lebreton. Je demande à dire un mot sur l'incident. (Aux voix !) Un seul mot.

Je représente aussi un port de mer, et j'ai été très-souvent préoccupé de la question qu'a soulevée mon honorable collègue M. Conseil. L'exemption est bien conférée, comme le disait tout à l'heure M. Allard, mais à raison des événements de mer, ses justifications sont fort difficiles, et, dans ce moment-ci, je suis occupé de la réclamation d'une pauvre mère qui a eu son fils aîné enlevé pour le service de la marine. Ce fils se trouvait dans des mers lointaines, elle ne pouvait pas justifier de sa présence sous les drapeaux ; son second fils a été appelé. Ce second fils a disparu, et dans ce moment-ci, on vient d'appeler son troisième enfant pour le service de terre. Les événements de mer sont tellement imprévus, tellement compliqués, les expéditions sont souvent si lointaines, que pour ces malheureux, qui ont très-peu de connaissance des démarches à faire, les justifications deviennent souvent presque impossibles ; elles ne sont pas faites en temps utile, et ils perdent par conséquent le bénéfice de l'exemption.

Je me réunis à mon honorable collègue M. Conseil, pour appeler toute l'attention, toute la sollicitude de MM. les commissaires du Gouvernement sur cette situation fort intéressante et qui se reproduit très-souvent. Je suis bien aise d'avoir en face de moi MM. les commissaires du Gouvernement qui appartiennent à la marine, et je livre à leurs réflexions la situation que je viens de signaler. (Aux voix ! aux voix !)

M. le général Allard, commissaire du Gouvernement. Les justifications dont parle l'honorable général Lebreton ne sont pas aussi difficiles qu'il semble le croire. Les commissaires de l'inscription maritime ont toujours, d'après les états qu'ils tiennent, une connaissance parfaite de la situation des inscrits maritimes. Ils savent à quel port ils appartiennent, sur quel navire ils ont été embarqués, dans quelle position ils se sont trouvés. Viennent-ils à mourir à bord, en l'absence d'actes de l'état civil qui seraient assez difficiles à établir, on peut produire des certificats émanant des autorités du bord ou des actes de notoriété qui suffisent pour constituer plus tard les droits de la veuve ou des enfants. Sans doute, ce n'est pas sans quelques difficultés que ces attestations parviennent dans certains cas aux ayants droit, mais l'expérience montre que l'on finit toujours par les obtenir.

M. le général Lebreton. J'ai basé ma réflexion sur un fait que j'ai cité.

M. Paul Dupont. J'ai accueilli les deux lois sur les pensions des armées de terre et de mer avec une grande satisfaction ; ce n'est pas seulement parce qu'elles ont pour objet d'améliorer la position de nos militaires et de nos marins, mais aussi parce qu'elles sont à mes yeux un indice, à peu près certain, que l'administration ne tardera pas à s'occuper de la loi du 9 juin 1853 sur les pensions civiles.

Il me semble impossible, en effet, qu'après avoir donné une juste satisfaction à nos soldats de terre et de mer, le Gouvernement ne se préoccupe pas de notre armée civile, qui, elle aussi, rend de grands services à l'État, et dont la position est d'autant plus digne d'intérêt qu'elle n'est régie par aucune règle fixe, aucune hiérarchie quant à l'avancement des grades et aux traitements ; or, plus les traitements sont faibles, plus la pension, si chèrement acquise par une retenue de 5 pour 100 est elle-même insuffisante.

Il ne faut pas méconnaître non plus que la loi du 7 juin

1853 a été faite à une époque où les conditions de la vie étaient moins dures qu'aujourd'hui, et qu'une expérience de huit années a démontré, sur un grand nombre de points ses lacunes et ses imperfections.

J'appelle l'attention et la bienveillance particulière du conseil d'État sur cette question, persuadé qu'il serait possible de la résoudre sans augmenter les charges du budget, et en y consacrant quelques-uns de nos excédants de recettes ordinaires.

M. le général Allard, commissaire du Gouvernement. Messieurs, il nous arrive quelquefois de répondre à certaines interpellations par ces mots qui ont été critiqués et qui, cependant, ne méritaient pas de l'être, parce qu'ils étaient conformes à la vérité et qu'ils ne se produisaient pas comme une fin de non-recevoir; il nous arrive souvent, dis-je, de répondre : La question est à l'étude. Le Gouvernement est en effet constamment préoccupé des grands intérêts civils et militaires, et un très-grand nombre de questions sont très-sérieusement étudiées, sans cependant que l'on puisse dire d'une manière certaine si l'on arrivera à une bonne solution et à quelle époque elle se produira.

L'honorable M. Dupont demande en ce moment si le Gouvernement songe à reviser la loi du 9 juin 1853 sur les pensions civiles. En vérité, cette loi est si récente encore que le Gouvernement n'a pas dû songer à sa révision, et à cet égard je n'aurai même pas à invoquer la formule sacramentelle dont on nous reproche injustement de nous servir trop souvent. (Vive adhésion.)

M. Guyard Delalain. Ce serait nous critiquer nous-mêmes.

· M. le vicomte de Kervéguen. Dans la séance de samedi dernier, notre honorable collègue M. le Mélorel de la Haichois nous a parlé assez longuement, mais très-bien, à mon avis, sur la loi concernant la révision des pensions de retraite de la marine. Je viens traiter le même sujet, mais M. le Mélorel de la Haichois a parlé de la caisse des invalides de la marine, et, à ce propos, il a été interrompu par M. le vice-président de la Chambre, et notamment par M. le rapporteur de la commission.

Messieurs, je désire bien préciser les faits. Quand vous avez voté la loi sur les pensions de l'armée de terre, vous avez élevé le tarif de ces pensions relativement à ce qu'il était précédemment. En agissant ainsi, tous les résultats de ce vote incombent au budget; c'est une augmentation à y inscrire, et ceux qui agenceront les budgets futurs auront à aviser aux conséquences de votre vote. Mais, quant à la loi actuelle, ce n'est pas l'État qui viendra payer la surélévation des pensions; cette surcharge retombera sur la caisse des invalides de la marine. Si donc il ne m'était pas permis de parler de cette caisse et de son fonctionnement, je serais, je l'avoue, obligé de renoncer d'avance à la parole. La caisse des invalides, qui reçoit et qui doit payer, est partie intégrante du projet de loi, et n'en peut être séparée. C'est donc une réserve que je fais; la Chambre, je l'espère, me prêtera sa bienveillance habituelle dans les développements que je désire lui soumettre.

Messieurs, je n'ai pas de discours écrit à vous lire, je n'en écris jamais; mais, comme je dois citer beaucoup de chiffres, faire des rapprochements de nombres, vous devez comprendre que je ne puis pas me fier à ma mémoire. Aussi je les ai notés soigneusement, parce que vous savez que rien n'est brutal comme les chiffres, et qu'on ne peut avancer que des résultats vrais et mathématiquement exacts.

Je serai pourtant obligé de parler de quelques-uns des sujets qui ont été traités par les précédents orateurs; je le ferai beaucoup moins longuement, mais enfin je serai obligé d'y revenir, et peut-être de les présenter sous un autre jour.

Je commence par vous dire qu'à mon point de vue, j'ai entendu émettre ici, et j'ai lu dans le rapport de notre honorable collègue, M. Reille, des déclarations de principes auxquels je donne mon assentiment complet. Mais malheureusement entre les déclarations et l'application, il y a une distance énorme. Ainsi, l'on vous a dit : Nous respectons tous les droits acquis; c'est précisément sur ces mots, « droits acquis, » que je suis en opposition avec l'honorable rapporteur de la commission, parce que je prouve que partout où on a eu l'occasion de les fouler aux pieds, on l'a fait sans ménagement.

On nous a d'abord posé pour principe que la loi accorde le cinquième en sus à tous les corps naviguants. Or, il existe une foule de corps, comme l'inspection, qui ne naviguent jamais, et auxquels vous accordez le cinquième en sus; il y a le corps des ingénieurs qui ne naviguent pas davantage, et puis, ce qu'il y a de plus grave dans la question, il y a aussi des commissaires de la marine qui prennent leur retraite sans avoir jamais navigué. Il n'en est pas ici pour eux comme pour les officiers de marine ; lorsqu'un commissaire dont le tour de naviguer arrive n'est pas disposé à prendre la mer, dix de ses camarades se présentent pour le remplacer. Aussi les exemples n'en sont pas rares, il y a des administrateurs de la marine qui n'ont jamais navigué et qui cependant recevront le cinquième en sus.

Eh bien, messieurs, il y avait dans la loi de 1831 une disposition qui était peu favorable, et qui en même temps était juste et équitable pour tout le monde; elle n'accordait le cinquième en sus qu'à fort peu de personnes qui n'étaient pas militaires; mais elle édictait ceci : Si, par suite de circonstances extraordinaires, un agent quelconque a six ans de navigation ou neuf ans de séjour aux colonies, il sera traité comme officier de marine.

Aujourd'hui, qu'a-t-on fait? On a accordé cet avantage à certains corps, par caprice et par fantaisie, et on fait disparaître par contre la sage disposition qui précède et qui motive tous mes regrets. Ainsi, vous avez un corps de comptables à qui l'on dit: « Vous n'êtes que des employés civils. » L'ordonnance qui les constitue ne leur reconnaît, en effet, que la qualité civile. Ceci est exact, mais si vous vous reportez à cette même ordonnance constitutive, vous y verrez que nul ne peut être commis d'un magasin s'il n'a pas dix ans de mer comme magasinier! Il faut donc qu'au préalable, il ait dix ans de mer pour entrer dans ce corps, et dès qu'il y est entré on lui dit : « Vous n'êtes plus marin, vos dix ans de mer sont perdus! »

Est-ce là de l'équité? Je le demande à la Chambre. Il y a là quelque chose qui choque la raison et le bon sens, et, pour mon compte, je ne puis admettre qu'on ait ainsi mutilé et fait disparaître cette salutaire législation portant que ceux qui avaient six ans de navigation ou neuf ans de séjour aux colonies devaient recevoir le cinquième en sus après douze ans de grade.

J'ai cité les exemples des commissaires de marine, des ingénieurs et de l'inspection, non pour prouver qu'on devait leur enlever cette faveur, ce qu'à Dieu ne plaise! mais pour démontrer qu'il était injuste d'en priver le corps des directions de travaux, celui des manutentionnaires, et enfin le corps des comptables, qui tous comptent d'anciens navigateurs, que le projet actuel frustre évidemment, dans leurs droits acquis grâce aux dispositions bienveillantes de la loi de 1831.

Messieurs, on vous a parlé des chirurgiens de vaisseaux, et ici il est bon encore de revenir sur ce corps fort méritant et très-instruit, qui a été victimé de la façon la plus brutale dans la commission.... (Rumeurs.) Je ne fais aucun reproche au Gouvernement; car son projet de loi nous est arrivé avec la mention suivante : « Chirurgiens principaux et de première classe; chefs de bataillon. »

Et ce n'était pas une nouveauté que cela. Cette assimilation leur était conférée depuis 1831. Elle n'était en quelque sorte qu'un *visa* de la loi précitée.

Le Gouvernement a donc voulu sauver et maintenir les droits acquis. Qu'a fait au contraire la commission? Elle a mutilé le projet du Gouvernement, et elle a fait descendre les chirurgiens d'un degré, et cela dans un moment où les officiers de santé réclament, à juste titre, l'élévation de leur traitement pour être au niveau de ceux de la guerre.

J'ai déjà parlé d'eux lors du budget de la marine. On n'a pas daigné me répondre; je le comprends. La marine n'a guère d'avocats; la guerre en a beaucoup. Pour la guerre, il n'y a jamais assez de fonds disponibles; pour la marine, il y en a toujours trop. Un jour viendra sans doute, et je désire qu'il soit prochain, où les chirurgiens de la marine recevront enfin les satisfactions entières qui leur sont si légitimement dues, et au nombre desquelles il faut aussi ranger le manque complet d'avancement.

Dans la guerre, le nombre des officiers supérieurs du corps de santé est, au nombre total, dans la proportion de 30 pour 100, tandis que, dans la marine, ce taux atteint à peine 12 pour 100.

Enfin, les officiers de santé sont dans une position presque impossible.

Le Gouvernement, ayant compris que la disposition de la commission était très-draconienne, a introduit une disposition transitoire qui est ainsi conçue :

« Les officiers de santé de première classe..., auxquels le tarif annexé à la loi du 18 avril 1831 attribuait la pension de retraite de capitaine de corvette, conserveront ce droit en cas d'admission à la retraite. »

Eh bien ! vous croiriez peut-être que tous les droits sont ainsi sauvegardés? Pas du tout, car il y a une autre disposition où il est dit que le principalat formera, à l'avenir, un grade distinct, et que le service ne pourra pas se cumuler pour les douze ans de grade, avec le temps passé comme chirurgien de première classe.

Je me suis reporté à l'Annuaire, et j'y ai vu que le grade de chirurgien principal n'existe que depuis le 29 mars 1854. On n'y arrive qu'à l'ancienneté, et on a alors la somme énorme de mille écus par an, soit 3000 francs!

Eh bien, ceux qui sont à la tête de ce corps sont des officiers nés en 1802 ou 1803. Comme ils sont retraités à l'âge de soixante ans et mis à la pension à cette limite d'âge, il va en résulter, en 1862 ou 1863, que, n'ayant été nommés qu'en 1854, ils n'auront que huit ou neuf ans de grade; mais comme ils sont chirurgiens de première classe depuis 1836 ou 1842, ils auront vingt-six et vingt et un ans de fonctions. Eh bien, ils vont réclamer, et si j'étais à leur place, je le ferais; ils vont demander ceci au ministre de la marine : « Dégradez-nous d'une classe et faites-nous descendre dans l'autre, dans celle de chirurgiens de première classe? Car alors, aux termes de l'article transitoire, nous aurons 3108 fr. de retraite. Si vous voulez, au contraire, nous laisser dans la classe supérieure à laquelle vous nous avez appelés, parce que nos services, notre ancienneté nous y ont portés, nous n'aurons que 2590 francs. Eh bien, nous préférons avoir 3108 francs en redescendant d'une classe, plutôt que de rester dans une classe supérieure où nous n'aurions que 2590 francs. »

Il y a plus : c'est que tous les chirurgiens de première classe aujourd'hui n'arrivent au principalat que quand ils ont neuf ans et demi de service. Du moment qu'on va vouloir les faire passer au principalat, ils vont refuser, parce que, dans tous les cas, restant dans la première classe, ils auront une retraite plus élevée que si vous les faites monter au rang de chirurgien principal, où ils n'atteindront jamais douze ans de grade. Personne, en effet, n'est jaloux de monter pour perdre, en résultat final, 518 fr. de retraite.

Voilà, messieurs, la critique la plus amère et la plus vraie qu'on puisse faire de la disposition législative qui a été introduite par votre commission, et j'en faisais partie; mais je ne m'y suis pas associé, comme bien vous pensez.

Messieurs, la commission, et je suis fâché, je suis désolé de faire ici son procès, a eu de très-mauvaises inspirations; elle a eu entre autres celle des chirurgiens, et je crois vous avoir fait toucher du doigt, vous avoir rendu tangible l'impasse dans laquelle vous mettez les officiers de santé; c'est de ne pas avancer, sous peine de 518 fr. de moins pour la retraite, ou de demander à être dégradés pour les avoir.

Le Gouvernement a proposé, pour les commissaires rapporteurs de Lorient et de Cherbourg, de les assimiler, comme le faisait la loi de 1831, au grade de lieutenant de vaisseau. La commission, probablement pour faire un jeu de bascule, a proposé de les élever au rang de capitaine de corvette et de leur accorder la pension de ce grade.

Voici ce qui apparaît d'abord : Les commissaires rapporteurs de Cherbourg et de Lorient ont chacun 2000 francs de traitement portés au budget de 1862, et ils auront 3120 fr. de retraite, alors que les greffiers de Toulon et de Brest, qui ont 2400 fr. de traitement, auront 1600 fr. de pension ; de sorte que l'un aura plus parce qu'il a moins, et l'autre aura moins parce qu'il a davantage.

Je m'étonne qu'une commission ait prêté les mains à de pareils amendements et qu'elle les ait adoptés. Cela me semble incroyable ; mais enfin c'est ainsi.

Comme je suis juste, et que je désire être juste envers tout le monde, j'ai de grands remerciements à faire, comme tout à l'heure mon honorable collègue M. Conseil, à mon honorable ami M. Reille, rapporteur, sur les dispositions bienveillantes qu'il a montrées lorsqu'il a proposé au Gouvernement de faire disparaître cette différence choquante entre les services rendus dans la marine et les services rendus dans l'armée de terre. Nous nous sommes tous associés à sa manière de voir, qui a été formulée par un amendement. Le Gouvernement n'a pas voulu nous donner satisfaction. Cependant la question est bien simple et la proposition bien paternelle.

Vous avez le corps de l'infanterie de marine qui n'est pas régi par les lois de la marine, et à qui s'appliquent les lois de l'armée de terre.

Eh bien ! quand un officier d'infanterie va dans les colonies, son service lui est compté double, et si un officier de marine y est également expédié, son service n'y compte que pour moitié en sus. Cependant, il est envoyé de France et en vertu des mêmes ordres. L'un compte alors des services quatre fois égaux à celui de l'officier de marine. Eh bien ! il y a là quelque chose de choquant qui nous a paru mériter une réforme.

Il y a plus : un corps de troupes va faire une expédition. Que l'expédition réussisse ou ne réussisse pas, qu'elle dure trois mois ou quatre mois seulement, cela compte pour une année de campagne. Pour l'officier de marine, tous les services comptent jour pour jour. Quand il a servi trois mois, il n'a que trois mois de service; et, si l'officier d'infanterie fait quatorze mois, il en compte vingt-quatre, et l'officier de marine, lui, ne compte que moitié en sus. Il y a là quelque chose qui blesse la raison, et je ne comprends pas l'obstination du Gouvernement à ne pas vouloir accorder ce qui certainement ne serait pas une faveur, mais un droit évident.

On a souvent parlé des officiers de marine. Je dois vous dire à ce sujet qu'on se trompe étrangement quand on n'est pas initié à ce qui se passe dans les ports. On s'imagine que c'est très-beau de naviguer! Oui, c'est très-beau, quand on est jeune et qu'on a beaucoup de poésie dans l'imagination; mais, en réalité, on a beaucoup de mal, et ensuite l'avancement ne s'y donne pas très-facilement.

Les officiers de marine ne peuvent jamais monter d'un grade, soit en paix, soit en guerre, sans avoir rempli certaines conditions de navigation que les lois ont édictées avec le plus grand soin. — Quand ils ont conquis ce grade, il faut encore qu'ils retournent à la mer, pour acquérir le stage réglementaire qui leur est imposé pour le suivant.

Ainsi, soit en paix, soit en guerre, il faut qu'ils acquièrent chacune de leurs situations militaires par la navigation.

Dans l'armée de terre, on remarque des choses bien différentes et très-regrettables : on voit des officiers qui sont continuellement dans l'administration ministérielle ou dans les états-majors et qui n'en arrivent pas moins, qui arrivent même plus vite aux plus hauts grades que ceux qui sont exposés aux dangers ou aux fatigues d'un service lointain.

Ceci me rappelle un fait historique. On citait autrefois un ministre de la guerre qui était entré en qualité de capitaine du génie dans les bureaux du ministère; sans en bouger, il est arrivé à être lieutenant général et puis ministre. Causant intimement avec quelques personnes, il leur disait : « Je sais que, dans mon arme, on dit que je ne serais pas capable de prendre une place; mais vous voyez bien que mes talents ne le cèdent à personne, puisque j'ai conquis le poste de ministre de la guerre. De plus je sais aussi défendre une place prise, puisque j'empêche tout le monde d'approcher de celle que j'occupe envers et contre tous. » (On rit.) Depuis lors, au ministère de la guerre, le général de Caux a eu beaucoup d'imitateurs, moins son esprit. (Rumeurs.)

A propos du budget de la marine, j'ai eu l'honneur de parler des écrivains : on ne m'a pas encore fait l'honneur de me répondre. Cependant, voilà trois ans que je soumets cette question à la Chambre, qu'elle excite votre sympathie, et quelle a votre complet assentiment. Quant à MM. les commissaires du Gouvernement, ils restent muets. Ces malheureux écrivains ont des traitements de 600, de 800 francs; on réclame des subsides pour eux : ils n'en obtiennent pas. Je suis fâché d'insister; mais ma position m'y oblige. Je voudrais obtenir une réponse, et pour cela, je vais mettre, comme on dit, les points sur les *i*, et me servir d'un argument que les latinistes appellent *ad hominem.*

En 1847, nous avions aussi un conseil d'État : comme aujourd'hui il se composait de gens excessivement capables. L'honorable ministre de la marine, actuellement en fonctions, était conseiller d'État; M. Boulay de la Meurthe, aujourd'hui sénateur, l'était également. J'en passe, et des meilleurs. Ils touchaient 12000 fr. de traitement. Il y avait aussi à cette époque des présidents de section, comme aujourd'hui, et du nombre était un homme fort considérable, M. Maillard, qu'on appelait la lumière du conseil d'État, et dont les décisions font encore jurisprudence. Ces présidents de section, si savants et si modestes, recevaient 15000 fr. d'appointement seulement.

Reportons-nous à 1861. En 1861, les conseillers d'État ont 25000 fr., les présidents de section 35000. Les traitements de ces messieurs sont plus que doublés, sans compter quelques cumuls, mais les pauvres écrivains dont je parle, en 1847, avaient 600 fr., et en 1861, ils ont encore 600 fr. Et vous voulez qu'ils soient contents! quand tous les traitements ont doublé et plus que doublé, vous trouvez juste que le leur reste toujours le même et immuablement stationnaire!

Je ne suis pas ennemi des gros traitements ; mais au moins qu'on vienne au secours des malheureux, et qu'au lieu de quelques paroles de consolation banale, qu'on ne leur accorde même pas, on vienne de fait à leur secours.

Il n'y a pas de grands efforts à faire pour atteindre ce résultat. Il suffit d'aller jusqu'au ministère de la marine, et de fouiller les cartons qui les concernent. On y trouvera plusieurs propositions faites en leur faveur par les préfets maritimes; il suffirait d'un quart d'heure d'examen pour régler cette affaire à la satisfaction de tout le monde.

Sans doute, messieurs, le besoin et le malheur rendent toujours intéressant; mais s'il y a quelque chose de triste et de poignant, c'est de voir la misère en habit noir quand elle n'est pas méritée.

J'ai fait, messieurs, une série d'amendements au projet de loi. La commission a bien voulu les mentionner; il est vrai que c'était mon droit de demander qu'ils fussent inscrits dans le rapport; mais on ne leur a accordé qu'une attention bien petite, bien infime. Je vous demande la permission de les rappeler devant vous, et de les faire suivre d'un petit commentaire pour en expliquer l'objet.

Le premier s'appliquait aux officiers mariniers et marins que j'aurais voulu voir retraités d'après les principes de la loi de 1831, quand ils auront six ans de service à la mer.

Messieurs, voici pourquoi. La loi de 1831 a été une loi qui a englobé tout le monde, depuis le novice jusqu'à l'amiral. Elle a dit ceci :

Les marins, c'est-à-dire les matelots et tout ce qui est de la classe maritime, qui auront vingt-cinq ans de service, seront retraités au minimum à 200 fr., c'est le minimum du soldat, et au maximum à 300 fr.

Jusque-là il y a parité avec les militaires; mais ensuite dans une disposition subreptice qui se trouve plus bas, voici ce qu'on lit : « Ne pourront être admis à la retraite en vertu de cette loi, que les marins qui ont les deux tiers de ces vingt-cinq ans au service de l'État. »

C'est-à-dire qu'il faut avoir seize ans et huit mois de services à l'État pour avoir droit à cette modeste pension de simple soldat. Et puis ensuite pour l'autre tiers, c'est-à-dire pour les huit ans et quatre mois, il faut avoir navigué au commerce; et comme la navigation au commerce ne compte que pour moitié, alors au lieu de huit ans et quatre mois il faut seize ans et huit mois, ce qui fait trente-trois ans et quatre mois en tout.

Ensuite le temps de la navigation au commerce ne compte pas en rade, il ne compte que du jour du départ au jour d'arrivée du navire. Fussiez-vous deux ou trois mois en chargement, en déchargement, cela ne compte pas. Cependant la caisse des invalides perçoit toujours son droit de 3 pour 100, que vous soyez en mer, en rade, en chargement ou en déchargement.

Il y a plus : pendant ce temps que vous passez au commerce et qui ne vous compte que pour moitié, vous êtes toujours frappé de la retenue de 3 pour 100, et comme les salaires du commerce sont plus élevés que ceux de l'État, il résulte que vous payez plus à la caisse des invalides que quand vous êtes au service de l'État. La conséquence de tout cela c'est que les marins dont le sort est réglé par la loi de 1831 ne peuvent presque jamais arriver à obtenir leur retraite. Il existe un rapport officiel de l'honorable amiral Hamelin à l'Empereur, qui remonte à cinq ou six mois avant l'époque à laquelle il a quitté ses fonctions. Ce rapport constate que sur 7000 et tant de matelots, il n'y en a pas eu 1000 qui aient pu remplir toutes les conditions de la loi de 1831.

Vous voyez par conséquent que cette faveur, que leur a faite la loi de 1831, était un leurre, et que très-peu pouvaient arriver à en bénéficier.

C'était là l'objet de mon amendement ; il consistait à réduire à six ans le temps de navigation à bord des navires de l'État, pour avoir droit à la retraite, lorsque d'ailleurs le temps de service voulu par les règlements est accompli. La commission n'a pas voulu l'examiner.

J'ai fait un autre amendement en faveur des ouvriers et des contre-maîtres non inscrits, et voici ce que j'avais à en dire : je demandais pour eux l'élévation de la retenue sur leur salaire à 5 pour 100, et ensuite les mêmes dispositions que vous avez érigées en loi pour les pensions civiles.

La marine nous dit toujours : ils ne sont pas militaires, par conséquent ne nous parlez pas d'eux.

Mais s'ils sont civils, traitez-les comme des civils. Vous faites supporter aux civils telle retenue ; il est juste que les employés de la marine la supportent également ; mais il est juste aussi qu'ils reçoivent la même rémunération de pension. Aujourd'hui, par suite de la transformation de la flotte et de toutes les améliorations qui ont surgi de tous côtés, au grand bénéfice du service, le nombre des ouvriers en fer, en cuivre s'est tellement étendu que, dans les arsenaux, il est considérable et même plus élevé que celui des ouvriers inscrits. Dans beaucoup de cas ils ont besoin de connaissances spéciales, d'une éducation industrielle, et, généralement, quand on les appelle dans les arsenaux, il faut reconnaître cette différence d'éducation, de main-d'œuvre et d'habileté d'exécution par un salaire plus élevé. Vous avez des ouvriers qui ont une paye de 1500 fr.; il y en a même, à Indret, qui ont un salaire plus élevé, d'après les documents qui m'ont été communiqués. Et lorsque vous venez leur faire sur 1500 fr. la même retenue que celle que vous faites à un ouvrier qui n'a qu'un salaire de 6 ou 700 fr., vous ne devez pas, évidemment, leur donner la même retraite, puisque l'un contribuera aux ressources de la caisse dans une proportion double de celle suivant laquelle y contribuera son voisin.

C'était pour parer à ces différences, à ces divergences de situation et de retenue que j'avais formulé mon amendement, qui n'a pas été goûté. Je ne vous en parle que pour mémoire; mais enfin je vais entrer dans quelques développements propres peut-être à frapper votre attention si vous voulez bien me la continuer.

Vous savez, messieurs, ce que c'est que la caisse des invalides de la marine; c'est une institution déjà ancienne, et qui, à l'origine, a été créée pour venir au secours des gens de mer. Lorsqu'elle a été fondée, elle ne pouvait accorder que des pensions au maximum de 600 fr., quel que fût le grade de la personne dont il s'agissait. Plus tard, on a élevé ce maximum; il a reçu une grande élasticité pour les états-majors, et enfin on a donné des pensions équivalentes à celles de l'armée de terre. Ces pensions sont venues incomber à la caisse des invalides. Cette caisse, comme on vous l'a dit hier, a fait des économies notables pendant longtemps, surtout pendant les guerres du premier Empire, par suite des parts de prises auxquelles elle avait droit.

Dans la séance de samedi, l'honorable M. Reille vous a dit que la plupart des prises étaient faites par des bâtiments de guerre, et il a été interrompu à cet égard, parce que beaucoup de personnes lui ont rappelé que la plupart des ports de la Manche et une partie de ceux de la Méditerranée avaient des armateurs corsaires, comme les Surcouf, les Bavastro et bien d'autres dont ma mémoire ne me fournit pas les noms dans ce moment. Ces armateurs avaient continuellement de nombreux navires en course. Il y a même des villes où l'origine de beaucoup de fortunes est due à cela. Par conséquent, les marins de commerce ont contribué à créer les économies de la caisse des invalides de la marine, au moins dans la proportion de moitié.

Et maintenant supposons que l'autre moitié des prises ait été faite par les navires de l'État; quand il y a une prise faite par un bâtiment de guerre, il y a un tiers pour l'état-major et deux tiers pour l'équipage. De sorte que vous voyez que les gens de mer, sur toutes ces économies, auraient déjà la moitié comme provenant de leur fait, plus les deux tiers de la seconde moitié: cela ferait bien près des cinq sixièmes. Par conséquent, ce que je vous dis ici n'est que pour bien établir que la classe des marins, la classe des inscrits, la classe enfin que la loi de 1831 devait retraiter et qui se trouve forcément rejetée dans les tarifs infimes de la loi de 1791, a contribué, pour la plus grande partie, pour les cinq sixièmes, à la création de ces rentes.

La caisse des invalides possède aujourd'hui 5 107 200 fr. de rentes en 4 1/2 et 3 pour 100 et en actions de la Banque de France.

Si vous voulez, messieurs, nous allons examiner ensemble le budget des recettes et des dépenses de la caisse des invalides. Vous y verrez que ses rentes se montent à 5 107 200 fr.; que les retenues, tant pour le matériel que pour le personnel, se montent à 4 665 614 fr.

A cet égard, j'ai une petite observation à adresser aux commissaires du Gouvernement. Le budget de la marine est de 149 millions trois cents et quelques mille francs, y compris le service colonial. J'ai mis 149 400 000 fr. pour faire mon calcul. En multipliant par 3 pour 100 les 149 400 000 fr., on trouve 4 482 000 fr. Pour arriver au chiffre de 4 665 000 fr., il faudrait que le budget de la marine fût de 154 ou 155 millions.

M. le rapporteur. C'est le service colonial qui fournit la différence.

M. le vicomte de Kervéguen. Le service colonial est compris dans les 149 400 000 fr.

M. le rapporteur. Pardon! les recettes locales ne sont pas comprises dans le livre bleu que vous avez.

M. le vicomte de Kervéguen. Les marins du commerce, les décomptes des déserteurs, les feuilles de rôle d'équipage et les congés produisent ensemble 1 480 000 fr.; ce qui donne un total de 12 810 000 fr.

Maintenant, arrivons à la grande décomposition des pensions. (Mouvement de la part de M. le rapporteur.) Je ne sais ce qui fait sourire l'honorable M. Reille; mais je vous dirai, messieurs, que quand je m'occupe d'une question, je ne la traite pas à la légère, je vous prie de le croire. Je commence par la disséquer, pour ainsi dire par la déchiqueter, par en prendre tous les éléments, et, ensuite, je la reconstitue, je la recompose pour m'en rendre suffisamment compte.

Eh bien ! en regard de ces 12 800 000 fr. de recettes, qu'avez-vous comme dépenses ? Vous avez d'abord les pensions dites *demi-soldes*, qui montent à 3 300 000 fr.; puis les pensions par ancienneté de service et blessures et les pensions de veuves, qui s'élèvent à 8 260 000 fr.

Ici, messieurs, j'ai une observation à vous faire et qui est à la décharge de ce chiffre de 8 260 000 fr.: c'est que dans les pensions de veuves se trouvent comprises les veuves de demi-solde. J'ai été aux renseignements, j'ai fait prendre quelques notes, et l'on m'a dit que ces pensions de veuves de demi-solde montaient à 600 000 fr. J'ajoute à ce chiffre 60 000 fr. pour être large. C'est donc 660 000 fr. à défalquer des 8 260 000 fr. de pensions de la deuxième catégorie et à ajouter au chiffre des pensions de la première, ce qui fait d'une part 3 960 000 fr. pour les dépenses des pensions de la première catégorie, et, d'autre part, 7 600 000 fr. pour celles de la seconde catégorie; en tout, 11 560 000 fr. pour toutes les pensions des marins, de l'état-major, de l'administration, de l'infanterie de marine, et enfin de tous les corps constitués militairement qui ont droit à les obtenir.

Il y a ensuite un fonds de secours commun aux deux catégories, qui absorbe 406 000 fr., les frais d'administration de la caisse qui sont de 430 000 fr., et les remboursements divers, qui se montent à 414 000 fr. Total égal aux recettes, 12 800 000 fr.

Vous comprenez tout d'abord l'importance de cette division en demi-soldiers et leurs veuves recevant 3 960 000 fr., et en états-majors et en corps constitués jouissant de pensions s'élevant à 7 600 000 fr.

La première chose à faire pour savoir si cette répartition est juste, si elle se fait avec équité pour tout le monde, c'est de rechercher quelles sont les sommes attribuées à chaque nature de fonctionnaires, et qui composent le total que je viens d'indiquer.

Si l'honorable rapporteur avait bien voulu faire ce décompte, il serait arrivé fatalement aux mêmes conclusions que moi. Je vous demande la permission de poursuivre.

Je ne vous ferai pas l'énumération de tous les corps et des sommes qui leur sont attribuées quant à la première catégoric. On arrive à constater, en y comprenant les colonies, les frais de colonies, le service colonial, les frais de route, tout ce que l'on voudra, on arrive, dis-je, à cette conclusion, que tous les états-majors reçoivent du budget de la marine et du budget colonial la somme de 34 002 000 fr.

Si, maintenant, nous reprenons le budget des autres détails de la marine, nous trouvons les guetteurs de signaux, les gardiens des ports, les rondiers, les portiers, les marins du commerce, les pêcheurs, les ouvriers des arsenaux, les marins moins la maistrance, les compagnies de pompiers, les escouades de gabiers des ports, etc., etc., qui accusent en total le chiffre énorme de 77 500 000 fr. de salaire.

Or, on vous a dit : Le salaire des ouvriers dans les ports est de 16 millions.... (Interruption.)

M. Auguste Chevalier adresse à l'orateur quelques mots qui se perdent dans le bruit.

M. le vicomte de Kervéguen. Je ne vous interromps pas, monsieur Chevalier, quand vous parlez longuement du libre échange (on rit) ; laissez-moi parler de ce que je sais.

Je reprends. On nous a dit dans la commission, l'honorable M. Dupuy de Lôme m'a dit à moi-même : Comment ! vous réclamiez en faveur des ouvriers !... Mais ces ouvriers, savez-vous ce qu'ils touchent ? Ils touchent 3 300 000 fr. sur la caisse des invalides, pour 1 730 000 fr. seulement qu'ils y versent.

M. Dupuy de Lôme. Je n'ai pas dit cela !

M. le vicomte de Kervéguen. A une pareille dénégation, je réponds : Savez-vous ce qu'ils versent ? 2 435 000 fr. pour un intérêt à 3 pour 100 sur 77 500 000 fr. de salaires, tandis que les états-majors versent pour le même intérêt 1 020 000 fr. sur les 34 millions qu'ils reçoivent du budget de la marine et du budget colonial.

Nous arrivons enfin, pour abréger et être agréable à M. Auguste Chevalier (on rit), nous arrivons à 77 500 000 fr. pour les uns et à 34 millions pour les autres.

Eh bien, messieurs, voici la proportion : Le total des retraites se monte d'une part à 3 300 000 fr. ; de l'autre à 8 260 000 fr., cela fait 11 600 000 fr. Je trouve que 34 millions à 3 pour 100 font 1 020 000 fr., pas un sou de plus. Avec 1 020 000 fr. de retenue, la caisse paye aux états-majors 7 600 000 fr. de pensions, tandis que sur les 77 millions de salaires payés aux marins, et qui font avec les 60 000 fr. de feuilles de rôles d'équipages, etc., etc., un total de recette de 2 435 000 fr. pour la caisse des invalides, vous n'acquittez que 9 360 000 fr. de pensions, et alors, messieurs, il faut établir des proportions. Vous voyez jusqu'où vous pouvez aller.

Puisque j'ai l'honneur d'avoir pour contradicteur et un conseiller d'État et un élève de l'École polytechnique, qu'il me soit permis, à moi qui ne suis pas dans les hauteurs de la science, de leur faire une règle de proportion comme un simple négociant.

Si 1 020 000 fr., versés en retenue à la caisse, produisent 7 600 000 fr., combien 2 435 000 fr. pour les marins et ouvriers produiront-ils? Cela donne 18 millions au lieu de 3 960 000 fr.

Si vous renversez la proportion et que vous en posiez les termes ainsi qu'il suit: si 2 435 000 fr. de retenues pour les ouvriers leur procurent 3 960 000 fr. de pensions, combien 1 020 000 fr. de retenue pour les états-majors rapporteront-ils à ces derniers?

Le quatrième terme de la proportion est 1 680 000 fr., au lieu des 7 600 000 fr. qu'on leur applique.

Cela fait 6 millions de différence.

Vous devez comprendre que la riposte est difficile à mon argumentation. Je ne me contenterai pas d'affirmer ces chiffres, mais encore, s'il est besoin, je les ferai imprimer, parce que j'atteste la contradiction sur ces faits.

Il ne s'agit pas de dire, sur un ton léger: Bah! bah! vous ne savez pas compter! pour que tout soit fini. Si je ne sais pas compter, je puis citer des calculs authentiques, si vous voulez, à l'appui de mes observations. Voici des tables qui sont anciennes déjà, ce sont les tables de Violeine, dans lesquelles je vois que 1 fr. versé chaque année, pendant vingt-cinq ans à 5 pour 100, produit le chiffre 47. Si donc vous versez pendant vingt-sept ans 2 millions, vous aurez 114 millions; en intérêts à 5 pour 100, ce serait 5 700 000 fr. de rente qui reviendraient aux marins, alors que vous ne leur accordez que 3 960 000 fr. de pensions.

Vous voyez, messieurs, qu'il n'y a là rien d'aléatoire; ce sont des calculs positifs, mathématiques, et vous ne pourrez jamais justifier l'étrange disproportion que je viens de signaler.

Je ne comprends pas, messieurs, qu'on puisse, après une démonstration aussi simple, concevoir le moindre doute sur la bonté de la cause que je défends, et qu'on puisse encore la mettre en suspicion.

Eh bien, il est malheureusement vrai qu'on n'a jamais voulu étudier cette question sous ses véritables aspects. Je me suis présenté plusieurs fois au ministère de la marine et j'ai dit : Voyons, d'amitié, examinons. Et l'on m'a répondu : Allons! allons! vous vous y entendez moins que nous. A quoi j'ai répliqué : Si je ne m'y entends pas, je me ferai entendre ailleurs, car c'est la vérité.

Maintenant on me dira : Mais que faut-il faire? Voici la situation qui concerne la caisse des invalides. Elle a 12 millions à son budget. Elle fait son pair, c'est-à-dire que ses dépenses égalent ses recettes. Mais la loi actuelle va ajouter ou ajoutera 1 600 000 fr. de charges nouvelles, non pas maintenant, mais successivement, à son débit. N'est-il pas à craindre que cette surcharge retombe encore sur la première catégorie des demi-soldiers? Eh bien, moi, je trouve qu'il y aurait une chose bien simple à faire, c'est ce que vous a proposé l'honorable M. le Mélorel de la Haichois.

L'honorable M. Reille disait que le gouvernement retirait 6 pour 100 de ce chef.

Il y a 5 700 000 fr. de rente; les 5 700 000 fr. de rente appartiennent en grande partie aux marins, qui en ont constitué le fonds. Je viens de vous le prouver et je vous le prouverai encore. Malgré cela, je ne viens pas vous dire qu'il faut prendre les cinq sixièmes de ces rentes.

Ne nous basons pas là-dessus; basons-nous sur ce que les uns et les autres versent chacun de leur côté, c'est-à-dire 34 millions d'une part et sur.......................... 77 1/2 de l'autre, ce qui fait au total.................. 111 1/2^{millions}

Voilà la proportion :
Si 111 millions 1/2 : 5 107 200 fr. de rentes, combien 77 millions 1/2 : $x =$ 3 549 800 fr. de rentes. Eh bien! il reviendrait............................. 3 549 800 fr. de rentes à la nouvelle caisse des invalides, plus les retenues à 3 pour 100 comme par le passé sur 77 millions 1/2, ci.................. 2 435 000

ce qui ferait un total de.................... 5 984 000 fr.
à l'actif, en regard d'une dépense actuelle de. 3 960 000 fr.

Il en résulterait un boni de.............. 2 024 000 fr. de rente annuelle destinée à accroître les infimes pensions actuelles de tous les gens de mer.

Quant aux pensions des officiers, l'État toucherait d'une part les 3 pour 100 prélevés sur le matériel, et.. 2 690 000
sa part des rentes actuelles..................... 1 457 400
la retenue de 3 pour 100 sur 34 millions........ 1 020 000
celle sur les congés............................. 80 000

Au total............ 5 248 000

contre 7 600 000 fr. de dépenses.

Quant aux états-majors, leur situation serait la même, et elle s'améliorerait plus tard, par l'abandon par l'État de 1 pour 100 sur la retenue de leurs traitements, afin de rendre leur assimilation complète avec le ministère de la guerre.

Messieurs, toutes ces observations n'ont pour but que de prier le gouvernement d'examiner la question à fond; car il a promis pour l'année prochaine un projet de loi sur les ouvriers, sur les marins, et sur tous ceux qui sont oubliés dans le projet de loi actuel. C'est improprement qu'on a appelé ce projet de loi, loi sur les marins, car sur les 157 000 hommes dont se compose la marine, il y en a cent et tant de mille qu'il laisse en dehors. Comme le gouvernement nous a promis de s'occuper de toutes ces individualités intéressantes, il pourra se pénétrer des idées que je viens d'exprimer, et qui toutes sont des idées de justice réparatrice. (Aux voix! aux voix!)

M. Dupuy de Lôme, conseiller d'État, commissaire du Gouvernement. Le désir de la Chambre de clore cette discussion est manifeste. Cependant il me paraît difficile de passer outre sans qu'il soit répondu un mot à ce que vient de dire l'honorable M. de Kervéguen.

Il est une de ses assertions que je dois relever. D'abord je rappellerai l'intérêt incontestable que le gouvernement de l'Empereur et le ministre de la marine prennent à toutes les catégories des ouvriers des ports. En s'occupant des ouvriers classés, déjà compris seuls dans la loi des retraites de 1831, ce n'est pas qu'il ait oublié de songer aux ouvriers civils; et lorsque, dans la commission chargée d'examiner la loi, l'honorable M. de Kervéguen a parlé de demi-soldiers régis par la loi de 1791, jamais on ne lui a répondu: Pourquoi vous en occupez-vous? Cette réponse n'a pas pu être faite, puisque le ministre s'en est occupé lui-même, et qu'en ce moment encore une commission nommée par ses soins étudie les questions si complexes qui se rattachent à la situation des matelots inscrits ou des ouvriers civils.

La loi nouvelle des retraites concernant les ouvriers classés a paru d'abord; les autres travaux auront leur tour; on a d'ailleurs déjà retouché à diverses époques à la loi de 1791 pour améliorer la situation des demi-soldiers.

Je ne veux pas m'étendre, parce qu'il serait impossible de le faire sans prendre trop de moments à la Chambre, sur la nécessité de diviser dans la loi des retraites ceux qui sont régis par la loi de 1791, et ceux qui étaient retraités par la loi de 1831. Cette nécessité existait; je la crois évidente pour la Chambre; en s'occupant des ouvriers classés d'abord, ce n'est pas qu'on déclare qu'il n'y a plus rien à faire pour les autres.

Maintenant on a dit, en parlant des retraites des ouvriers non classés, que la caisse des invalides, dans la part qu'on leur faisait, n'était pas équitable à leur égard, même au point de vue financier, et qu'elle ne leur restituait pas ce qu'une caisse de tontine pourrait leur donner. Là encore, il y a une erreur profonde, une erreur de chiffres, et il ne faut pas la laisser s'établir dans la pensée des ouvriers. Les ouvriers ne feront pas le calcul eux-mêmes; mais si on leur dit: « Vous versez dans la caisse des invalides des sommes telles qu'à la fin de votre carrière, l'État, s'il était équitable à votre égard, pourrait vous servir une pension plus forte, » on les induit en erreur, et cette erreur doit être combattue.

Si on leur accorde un jour des pensions plus fortes, ce sera par suite de la bienveillance de l'État, de la libéralité de l'État, et avec l'argent de l'État, mais non pas avec les versements qu'ils font aujourd'hui à la caisse des invalides.

Les ouvriers versent à la caisse 3 pour 100 sur des salaires variables, mais toujours peu élevés surtout au début de leur carrière. Le taux de ces salaires est une des préoccupations du ministre de la marine, et tout récemment une décision impériale du mois de février dernier l'a autorisé à dépasser la limite réglementaire de ces salaires. Ainsi, bien loin qu'on puisse songer à prélever 5 pour 100 au lieu de 3 pour 100 sur le salaire de l'ouvrier, on est obligé, par suite du renchérissement de toutes choses, d'augmenter la solde qui doit d'abord suffire aux besoins de la vie de l'ouvrier.

D'ailleurs, on prélèverait 5 pour 100 que ce n'est pas là encore qu'on trouverait des ressources suffisantes pour augmenter sérieusement les retraites actuelles.

La situation est celle-ci:

Il résulte de relevés faits sur les dossiers d'un grand nombre d'ouvriers que le montant des retenues, calculé pendant quarante ans de service, avec bonification des intérêts à 5 pour 100, est en moyenne : 1° pour les contre-maîtres, de 2281 fr.; 2° pour les aides-contre-maîtres, de 1843 fr.; 3° pour les ouvriers, de 1748 fr.

Je demande quelle est la caisse de rentes viagères qui pourrait, pour des versements représentant un capital de 2281 fr., payer à soixante ans d'âge des pensions s'élevant en moyenne à 400 fr. pour les contre-maîtres, avec le supplément d'invalidité.

Ces caisses, pour un client âgé de soixante ans, ne peuvent pas donner plus de 10 pour 100 du capital; cela ferait donc pour les contre-maîtres 228 fr. au lieu de 400 fr., pour l'aide contre-maître 184 fr. au lieu de 300 fr., et pour l'ouvrier 174 fr. au lieu de 200 fr.

Ces pensions de 400 fr., 300 fr. et 200 fr. sont cependant meilleures que celles que paye en moyenne la caisse des invalides aux ouvriers non classés retraités d'après la loi de 1791.

M. le vicomte de Kervéguen. Je demande la parole.

M. le commissaire du Gouvernement. Qu'on trouve ces pensions insuffisantes, je le veux bien. Que le Gouvernement arrive à partager cette conviction et à obtenir des représentants du pays d'améliorer aussi les pensions des ouvriers non classés, je le désire; mais j'affirme que ce n'est pas dans la retenue de 3 pour 100 faite sur ces ouvriers qu'on pourrait trouver des éléments pour leur donner davantage.

J'ai fait voir quels sont les résultats individuels de cette retenue; maintenant si nous prenons en bloc le chapitre du budget qui comprend tous les salaires des ouvriers, tel qu'il vient d'être voté pour 1862, la Chambre se rappelle qu'il s'élève à un total de 16 342 000 fr., le 3 pour 100 prélevé sur cette somme fait un total de 490 000 fr.

Or, les pensions soldées aux ouvriers, aux veuves d'ouvriers, s'élèvent annuellement à près d'un million; ainsi, la caisse des invalides paye environ un million aux ouvriers retraités ou à leurs familles, et elle touche sur le salaire des ouvriers 490 000 fr., c'est-à-dire moins de moitié de ce qu'elle paye à leurs prédécesseurs.

Mais, dira-t-on, la caisse possède le capital des prélèvements antérieurs, et c'est en partie avec ce capital qu'elle s'est fait des rentes. Il n'en est point ainsi; car jamais la caisse des invalides ne s'est trouvée dans l'état d'une caisse qui, le jour de sa fondation, dirait aux ouvriers : « Vous verserez pendant vingt-cinq ans, après quoi je commencerai à payer des retraites. »

La caisse des invalides a payé des pensions à de vieux ouvriers en même temps qu'elle prélevait la retenue de 3 pour 100 sur les ouvriers en service, et ce n'est pas à cette époque ni dans l'avenir qu'elle le fera, ce capital, au moyen de la retenue sur les ouvriers, puisqu'elle paye à ce titre deux fois plus de pensions qu'elle ne touche en retenues.

Oui, la caisse des invalides possède des revenus d'un peu plus de cinq millions, en rentes sur l'État et en actions de la Banque de France. Ce capital provient de dons de l'État, des parts de prise, et des excédants éventuels produits par le 3 pour 100 sur le matériel. Mais il ne peut pas être le résultat de retenues faites sur les salaires d'ouvriers, puisque tous les ans, depuis sa création, la caisse a versé en pensions d'ouvriers plus qu'elle n'a reçu en retenues sur leurs salaires. L'excédant est payé, soit par les rentes que possède la caisse, soit par la dotation de l'État, sous forme de 3 pour 100 du matériel. C'est avec ces ressources qu'elle pourvoira aux nouvelles charges provenant des augmentations des retraites. C'est, en définitive, l'État qui payera le complément. L'État fait bien de le payer, mais alors, ne représentez pas la caisse des invalides comme prélevant sur les salaires plus qu'elle ne donne aux ouvriers retraités. (Très-bien! très-bien!)

M. le vicomte de Kervéguen. Je demande à répondre un mot.

De toutes parts. Aux voix! aux voix!

M. le vicomte de Kervéguen. Pourquoi ne veut-on pas me laisser parler? (Aux voix! aux voix!)

M. le président. Vous ne pouvez pas imposer votre parole à la Chambre. Vous l'avez déjà entretenue pendant une heure; il est inutile de répéter ce que vous avez dit.

M. le vicomte de Kervéguen. Ce n'est qu'une simple observation. D'après ce que vient de dire M. le commissaire du Gouvernement, le contre-maître admis à la retraite à l'âge de soixante ans a versé 2200 fr.; il profite des retenues opérées sur ceux de ses camarades qui sont décédés ou qui ont quitté le service avant d'atteindre l'époque de la retraite, ce qui accroît considérablement le capital individuel de 2200 fr.

Or, voici le tarif de la caisse des retraites de vieillesse: il indique que tout homme qui de vingt ans à soixante ans a versé 30 fr. seulement par an à la caisse, a droit à une pension de 530 fr. Ce sont deux caisses de l'État. Pourquoi la caisse des invalides profiterait-elle de la différence de 230 fr., alors que la caisse des retraites de la vieillesse en fait bonifier ses déposants? (Aux voix! aux voix!)

M. le président. Je lis l'article 1er :

« Art. 1er. Les pensions de retraite des officiers et des fonctionnaires assimilés de l'armée de mer et celles des autres agents du département de la marine et des colonies sont fixées conformément au tarif annexé à la présente loi.

« Toutefois les pensions des vice-amiraux et des contre-amiraux, et celles des fonctionnaires de la marine qui leur sont assimilés pour la retraite, ne pourront, en aucun cas, excéder la solde attribuée, selon le grade, aux officiers généraux dans le cadre de réserve. » (Adopté.)

M. le vicomte Reille, rapporteur. J'ai une observation à présenter à la Chambre à propos de l'article 2.

Je demanderais à MM. les commissaires du Gouvernement si un professeur d'hydrographie qui aurait été embarqué soit sur les corvettes d'instruction, soit sur le vaisseau-école pour y remplir ses fonctions pendant plus de six ans, sera admis, comme par le passé, au bénéfice du cinquième en sus après douze ans de grade, quoique la nouvelle loi des retraites n'étende pas à son corps le tableau concernant ce cinquième. D'après la jurisprudence établie, les professeurs embarqués pour enseigner la navigation sont actuellement admis à ce bénéfice. Il importe d'être fixé sur ce point, et mon observation n'a d'autre but que de provoquer une explication de MM. les commissaires du Gouvernement.

M. le général Allard, commissaire du Gouvernement. La loi de 1831 a entendu donner le bénéfice du cinquième en sus à tous les marins et par voie d'interprétation à tous ceux qui sont assimilés aux marins ; ainsi tous les fonctionnaires ou agents qui embarquent et qui par cela même sont exposés aux périls de la mer et de la navigation ont droit au cinquième en sus.

La loi nouvelle s'applique aussi bien aux aumôniers de la marine, par exemple, qui servent à bord des bâtiments de l'État, qu'aux marins eux-mêmes. S'il y a dans la catégorie d'employés qu'a cités l'honorable M. Reille, des individus qui naviguent, qui sont, comme les marins, exposés aux périls de la navigation, ils devront être admis, en vertu de la jurisprudence constante du conseil d'État, jurisprudence qui est conforme à la saine interprétation de la loi, au bénéfice du cinquième en sus.

M. le président. Je lis l'article 2 :

« En cas de séparation de corps, la femme contre laquelle elle a été admise ne peut prétendre à la pension de veuve; en ce cas, les enfants, s'il y en a, sont considérés comme orphelins. » (Adopté.)

« Art. 3. Le droit à la pension de retraite demeure acquis aux aumôniers de la flotte, d'après les dispositions de l'article 1er de la loi du 18 avril 1831.

« Toutefois, ils auront droit à ladite pension à vingt et un ans de services effectifs, s'ils comptent douze ans de navigation sur les bâtiments de l'État. » (Adopté.)

« Art. 4. Pour l'amputation d'un membre ou la perte absolue de l'usage de deux membres, les officiers, officiers mariniers, assimilés et autres agents du département de la marine et des colonies, reçoivent le maximum de la pension qui leur est attribuée par la présente loi ou par la loi du 21 juin 1856.

« En cas d'amputation de deux membres ou de la perte totale de la vue, ce maximum est augmenté de 20 pour 100 pour les officiers et fonctionnaires assimilés compris dans la première section du tarif annexé à la présente loi, et de 30 pour 100 pour les marins et autres assimilés dont les pensions sont régies par la loi du 21 juin 1856, ainsi que pour les agents compris dans la deuxième section du tarif ci-dessus.

« Dans cette dernière augmentation de 30 pour 100 se trouve compris le supplément alloué par l'article 33 de la loi du 28 fructidor an VII. » (Adopté.)

« Art. 5. Les dispositions de la présente loi seront appliquées à toutes les pensions non inscrites avant sa promulgation. » (Adopté.)

« Art. 6. Sont abrogées toutes les dispositions contraires à la présente loi. » (Adopté.)

DISPOSITION TRANSITOIRE.

« Art. 7. Les officiers de santé de première classe déjà pourvus de ce grade à l'époque de la promulgation de la présente loi, auxquels le tarif annexé à la loi du 18 avril 1831 attribuait la pension de retraite de capitaine de corvette, conserveront ce droit en cas d'admission à la retraite. » (Adopté.)

M. le président. Le scrutin est ouvert sur l'ensemble du projet.

(Il est procédé au scrutin.)

Le dépouillement donne le résultat suivant :

Nombre des votants....... 243

Majorité absolue.......... 122

Pour l'adoption...... 243

Contre............. 0

Le Corps législatif a adopté.

3°. — Notification de la loi du 26 juin 1861 portant augmentation des pensions des officiers et des divers fonctionnaires et agents de la marine et des colonies. — Explications sur les articles de cette loi et sur quelques points qui s'y rattachent.

Paris, le 27 septembre 1861.

Messieurs, vous trouverez ci-après le texte de la nouvelle loi en date du 26 juin 1861, portant augmentation des pensions des officiers et de divers fonctionnaires et agents du département de la marine et des colonies.

Cette loi, dans laquelle chacun a déjà reconnu une nouvelle preuve de la sollicitude constante de l'Empereur pour les intérêts maritimes et coloniaux, a été, vous le savez, insérée au *Bulletin des lois* sous le n° 942, pages 812 à 822, et elle est reproduite au n° 25 du *Bulletin officiel de la marine*, pages 45 à 56.

Je n'ai pas besoin de vous faire remarquer 1° que, sauf les modifications contenues dans l'article 2 et dans le 2° paragraphe de l'article 3 de la nouvelle loi, c'est toujours à celle du 18 avril 1831 et à l'ordonnance du 26 janvier 1832, qu'il faut se reporter quant aux conditions sous lesquelles on obtient la pension de retraite pour ancienneté de services ou pour blessures ou infirmités;

2° Que pour la pension des officiers des troupes de la marine, le tarif qui leur est devenu applicable est celui que contient la loi du 25 juin 1861, sur les pensions de l'armée de terre, insérée pareillement au n° 942 du *Bulletin des lois*, pages 807 à 812. Ici s'applique, *par continuation*, le principe posé dans l'article 23 de la loi du 18 avril 1831 [1].

---

[1]. Quant aux sous-officiers, caporaux et soldats, c'est le tarif de la loi du 11 avril 1831 combiné avec l'article 19 de la loi du 26 avril 1855, qui continue de leur être applicable.

Bien que les divers articles de la nouvelle loi du 26 juin 1861 soient généralement d'une interprétation facile, je crois, néanmoins, devoir la reprendre ici pour vous donner quelques explications sommaires sur la portée de leurs dispositions.

Art. 1er.—L'article 1er est, sans contredit le plus important; c'est lui qui donne force de loi au nouveau tarif où se trouvent principalement les *améliorations* introduites dans le régime des pensions, soit en faveur des officiers et assimilés et des fonctionnaires qui figuraient déjà dans le tableau joint à la loi du 18 avril 1831, soit en faveur de ceux qui avaient pris place dans les services de la marine, depuis la promulgation de ladite loi, sous des appellations nouvelles, ou sous des dénominations différentes.

Pour les officiers et autres qui sont compris dans la *première section du tarif* on voit d'un seul coup d'œil, que les améliorations correspondent à ce que le tarif de la loi du 25 juin 1861 a réalisé pour les officiers et autres de l'armée de terre.

Quant à la *deuxième section du nouveau tarif*, laquelle s'applique aux *agents au-dessous du grade d'officier*, cette partie du tarif a sa raison d'être dans l'organisation spéciale de la marine.

Une remarque à faire tout d'abord, c'est que les premiers maîtres mécaniciens, les premiers maîtres et les capitaines d'armes de première et de deuxième classe des équipages de la flotte, au lieu de l'augmentation de 165 francs qu'ils avaient obtenue jusqu'alors par l'application des lois des 26 avril 1855 et 21 juin 1856, ont été mis en dehors de ce régime, pour passer dans le tarif de la nouvelle loi du 26 juin 1861, qui leur est d'ailleurs plus favorable.

D'un autre côté, les écrivains des divers services qui, jusqu'ici, n'avaient obtenu que la pension dite *demi-solde* d'après la loi du 13 mai 1791, recevront, à l'avenir, des pensions de retraite; ce qui constitue un avantage propre à faciliter le recrutement de ces utiles agents.

Enfin, à temps égal de service, les contre-maîtres, aides-contre-maîtres et ouvriers des *professions soumises au régime de l'inscription maritime*, recevront la même rémunération que les seconds maîtres, quartiers-maîtres et matelots des équipages de la flotte, auxquels ils correspondent pour le grade; c'est un nouvel avantage dont ils sauront se montrer dignes.

Il ne vous échappera pas, comme règle générale d'interprétation, que le bénéfice du cinquième en sus, pour douze ans d'activité dans un grade *militaire* ou *réputé militaire*, ayant été porté en regard de chacun des grades dont les titulaires ont le droit d'y prétendre, toute hésitation doit disparaître désormais devant les indications du tarif, qui fait partie intégrante de la loi nouvelle.

Art. 2. — L'article 20 de la loi du 18 avril 1831 qui excluait du droit à la pension *toute femme en état de séparation de corps*, était, en certains cas, attaqué comme disposition trop rigoureuse dans ses termes absolus, surtout depuis que la loi du 9 juin 1853 sur les pensions *civiles*, avait *restreint* l'exclusion à la femme *contre laquelle la séparation a été obtenue.*

Une disposition analogue devait donc être introduite dans la législation en *matière de pensions militaires*, et tel est l'objet de l'article 2 pour l'exécution duquel il devra toujours être joint une copie du jugement de séparation, afin que le droit de la veuve puisse être reconnu si l'autorité judiciaire a prononcé en sa faveur.

Art. 3. — Cet article, après avoir déclaré que le droit à la pension de retraite demeure acquis aux aumôniers de la flotte, d'après les dispositions de l'article 1er de la loi du 18 avril 1831, lorsqu'ils en remplissent les conditions, leur accorde une abréviation de quatre ans dans la durée du service effectif, ou, en d'autres termes, leur reconnaît le droit à la pension de retraite à vingt et un ans au lieu de vingt-cinq ans de service effectif, lorsqu'ils justifieront de *douze ans de navigation sur les bâtiments de l'État.*

Cette disposition exceptionnelle s'explique par l'âge relativement avancé auquel ces ecclésiastiques entrent généralement dans le service de la marine, ce qui aurait rendu pour eux trop difficile l'accomplissement de l'effectif ordinaire.

Art. 4. — Le nouveau tarif ne comprenant pas les marins et assimilés, dont les pensions doivent rester fixées d'après la loi du 18 avril 1831 combinée avec celle du 21 juin 1856, vous trouverez ci-joint un second tableau dans lequel le maximum prévu pour chaque grade, a été augmenté de 30 pour 100 pour le cas d'amputation de deux membres ou de cécité complète, en exécution du deuxième paragraphe de l'article 4 de la loi du 26 juin 1861[1].

1. Ce second tableau, en *complétant* la série des tarifs des pensions de retraite, permet de saisir l'ensemble de la matière.

Quant aux officiers et autres qui figurent au tarif de la loi du 26 juin 1861, l'augmentation de 20 ou 30 pour 100, suivant le cas, est comprise dans les fixations portées à la quatrième colonne dudit tarif.

Il est entendu, d'ailleurs, que pour tous ceux qui peuvent prétendre au cinquième en sus, ce bénéfice s'ajouterait, s'il y avait lieu, à l'augmentation dont il s'agit.

Art. 5. — L'article 5 ayant décidé, suivant l'usage établi, que le point de départ de l'application de la loi serait *la date de sa promulgation*, il a été donné cours, d'après les nouvelles bases, aux liquidations de pensions qui étaient en instance; mais, sont maintenues, bien entendu, comme le veut la loi, toutes les pensions qui, lors de la promulgation, étaient déjà inscrites sur la matricule générale des pensionnaires de la marine.

Art. 6. — L'abrogation prononcée par l'article 6 a pour effet de substituer le nouveau tarif à celui de 1831 : 1° pour l'exécution de la loi du 19 mai 1834, en ce qui concerne les pensions et soldes de réforme; 2° pour l'application du doublement que comporte la loi du 26 avril 1856, au profit des veuves et des orphelins de militaires tués sur le champ de bataille; 3° enfin, pour la liquidation des pensions de veuves et orphelins d'officiers ou autres, qui mourront titulaires de pensions liquidées d'après l'ancien tarif.

Art. 7. — Sous le titre de *disposition transitoire*, l'article 7 contient en faveur des officiers de santé de première classe, une réserve de droits, laquelle permettra de conserver, *à tous ceux dont la nomination est antérieure à la loi du 26 juin 1861*, les divers avantages qui résultaient pour eux, d'après la loi de 1831, de leur assimilation pour la pension au grade de capitaine de corvette.

C'est d'après le maximum de la pension afférente à ce grade et, suivant le nouveau tarif, que les veuves de ces officiers de santé seront traitées d'après ce qui vient d'être expliqué, et d'après ce qui a été dit sous l'article 6.

Je n'ai pas besoin d'ajouter que toutes ces pensions seront, comme par le passé, *acquittées sur la caisse des invalides de la marine*, conformément aux lois spéciales de son institution (loi du 13 mai 1791, arrêté du 19 frimaire an xi, décret du 4 mars 1808 et ordonnance de reconstitution du 22 mai 1816), et en application du principe reconnu par la loi du 18 avril 1831, article 26, par la loi du 19 mai 1834, article 25, et par celle du 21 juin 1856, article 2.

Je recommande la lecture attentive de la présente circulaire
à tous ceux qui sont appelés à concourir à son exécution.

Recevez, messieurs, l'assurance de ma considération très-
distinguée.

Le ministre secrétaire d'État de la marine et des colonies,

Signé comte P. DE CHASSELOUP-LAUBAT.

**4° Loi qui modifie celle du 18 avril 1831,
sur les pensions de l'armée de mer.**

Du 26 juin 1861.

NAPOLÉON, par la grâce de Dieu et la volonté nationale,
EMPEREUR DES FRANÇAIS, à tous présents et à venir, SALUT.

AVONS SANCTIONNÉ et SANCTIONNONS, PROMULGUÉ et PROMUL-
GUONS ce qui suit :

LOI.

Extrait du procès-verbal du Corps législatif.

LE CORPS LÉGISLATIF A ADOPTÉ LE PROJET DE LOI dont la
teneur suit :

Art. 1er. Les pensions de retraite des officiers et des fonctionnaires assimilés de l'armée de mer et celles des autres
agents du département de la marine et des colonies sont
fixées conformément au tarif annexé à la présente loi.

Toutefois, les pensions des vice-amiraux et des contre-amiraux, et celles des fonctionnaires de la marine qui leur sont
assimilés pour la retraite, ne pourront, en aucun cas, excéder la solde attribuée, selon le grade, aux officiers généraux
dans le cadre de réserve.

2. En cas de séparation de corps, la femme contre laquelle elle a été admise ne peut prétendre à la pension de
veuve; en ce cas, les enfants, s'il y en a, sont considérés
comme orphelins.

3. Le droit à la pension de retraite demeure acquis aux
aumôniers de la flotte, d'après les dispositions de l'article 1er
de la loi du 18 avril 1831.

Toutefois, ils auront droit à ladite pension à vingt et un ans
de services effectifs, s'ils comptent douze ans de navigation
sur les bâtiments de l'État.

4. Pour l'amputation d'un membre ou la perte absolue de
l'usage de deux membres, les officiers, officiers mariniers,

assimilés et autres agents du département de la marine et des colonies, reçoivent le maximum de la pension qui leur est attribuée par la présente loi ou par la loi du 21 juin 1856.

En cas d'amputation de deux membres ou de la perte totale de la vue, ce maximum est augmenté de 20 pour 100 pour les officiers et fonctionnaires assimilés compris dans la première section du tarif annexé à la présente loi, et de 30 pour 100 pour les marins et autres assimilés dont les pensions sont régies par la loi du 21 juin 1856, ainsi que pour les agents compris dans la deuxième section du tarif ci-dessus.

Dans cette dernière augmentation de 30 pour 100 se trouve compris le supplément alloué par l'article 33 de la loi du 28 fructidor an VII.

5. Les dispositions de la présente loi seront appliquées à toutes les pensions non inscrites avant sa promulgation.

6. Sont abrogées toutes les dispositions contraires à la présente loi.

DISPOSITION TRANSITOIRE.

7. Les officiers de santé de première classe déjà pourvus de ce grade à l'époque de la promulgation de la présente loi, auxquels le tarif annexé à la loi du 18 avril 1831, attribuait la pension de retraite de capitaine de corvette, conserveront ce droit en cas d'admission à la retraite.

Délibéré en séance publique, à Paris, le 17 juin 1861.

Le Président,
Signé comte de MORNY.
Les secrétaires,
Signé VERNIER, comte JOACHIM MURAT, marquis de TALHOUET, baron JÉROME DAVID.

Extrait du procès-verbal du Sénat.

Le Sénat ne s'oppose pas à la promulgation de la loi qui modifie celle du 18 avril 1831 sur les pensions de l'armée de mer.

Délibéré et voté en séance, au palais du Sénat, le 24 juin 1861.

Le président,
Signé TROPLONG.
Les secrétaires,
Signé A. DARISTE, O. de BARRAL, baron T. de LACROSSE.

Vu et scellé du sceau du Sénat :
Le sénateur secrétaire,
Signé baron T. de LACROSSE.

Mandons et ordonnons que les présentes, revêtues du sceau de l'État et insérées au *Bulletin des lois,* soient adressées aux cours, aux tribunaux et aux autorités administratives, pour qu'ils les inscrivent sur leurs registres, les observent et les fassent observer, et notre ministre secrétaire d'État au département de la justice est chargé d'en surveiller la publication.

Fait au palais de Fontainebleau, le 26 juin 1861.

Signé NAPOLÉON.

Vu et scellé du grand sceau :
*Le garde des sceaux, ministre
secrétaire d'État au département de la justice,*
Signé Delangle.

Par l'Empereur :
Le ministre d'État :
Signé A. Walewski.

TARIF DES PENSIONS DE RETRAITE DES OFFICIERS ET FONCTIONNAIRES ASSIMILÉS

GRADES.	PENSIONS DE RETRAITE pour ancienneté de service. (Art. 9 de la loi du 18 avril 1831.)			PENSIONS DE Art. 11.	
	Minimum à 25 ou 30 ans de service effectif, suivant le corps.	Accroissement pour chaque année de service effectif au delà de 25 ou 30 ans, suivant le corps, et pour chaque année résultant de la supputation des campagnes.	Maximum à 45 ou 50 ans de service, suivant le corps, campagnes comprises.	Amputation de deux membres ou perte totale de la vue. Pension fixe, quelle que soit la durée des services.	Amputation d'un membre ou perte absolue de l'usage de deux membres. Pension fixe, quelle que soit la durée des services.
1re SECTION. OFFICIERS ET ASSIMILÉS.	fr.	fr.	fr.	fr.	fr.
Officiers de marine. Vice-Amiral..............................	5 200	130	7 800	9 360	7 800
Contre-Amiral...........................	3 900	65	5 200	6 240	5 200
Capitaine de vaisseau.................	3 120	39	3 900	4 680	3 900
Capitaine de frégate..................	2 340	39	3 120	3 744	3 120
Capitaine de corvette (1).............	1 950	32	2 590	3 108	2 590
Lieutenant de vaisseau...............	1 560	28	2 120	2 544	2 120
Enseigne de vaisseau.................	1 120	28	1 680	2 016	1 680
Aspirant et volontaire................	840	28	1 400	1 680	1 400
Mécaniciens ayant rang d'officier. Mécanicien en chef.....................	1 950	32	2 590	3 108	2 590
Mécanicien principal de 1re classe...	1 560	28	2 120	2 544	2 120
Mécanicien principal de 2e classe...	1 120	28	1 680	2 016	1 680
Génie maritime. Inspecteur général du génie maritime	3 900	65	5 200	6 240	5 200
Directeur des constructions et ingénieur hydrographe en chef......	3 900	65	5 200	6 240	5 200
Ingénieur de la marine et ingénieur hydrographe de 1re classe........	3 120	39	3 900	4 680	3 900
Ingénieur de la marine et ingénieur hydrographe de 2e classe........	2 340	39	3 120	3 744	3 120
Sous-ing. de la marine et sous-ing. hydrographe de 1re et 2e classe.	1 560	28	2 120	2 544	2 120
Sous-ingénieur de la marine et sous-ingénieur hydrographe de 3e classe	1 120	28	1 680	2 016	1 680
Élève du génie maritime et élève ingénieur hydrographe............	840	28	1 400	1 680	1 400
Commissariat. Commissaire général de la marine....	3 900	65	5 200	6 240	5 200
Commissaire de la marine..........	3 120	39	3 900	4 680	3 900
Commissaire adjoint de la marine..	1 950	32	2 590	3 108	2 590
Sous-commissaire de la marine....	1 560	28	2 120	2 544	2 120
Aide-commissaire de la marine.....	1 120	28	1 680	2 016	1 680
Inspection des services administratifs. Inspecteur en chef...................	3 900	65	5 200	6 240	5 200
Inspecteur.........................	3 120	39	3 900	4 680	3 900
Inspecteur adjoint.................	1 950	32	2 590	3 108	2 590
Personnel administratif des directions de travaux. Agent administratif principal.......	1 950	32	2 590	3 108	2 590
Agent administratif................	1 560	28	2 120	2 544	2 120
Sous-agent administratif...........	1 120	28	1 680	2 016	1 680

(1) Grade maintenu au tableau en vue des pensions à accorder aux assimilés et aux veuves.

ET DES AUTRES AGENTS DU DÉPARTEMENT DE LA MARINE ET DES COLONIES.

RETRAITE POUR CAUSE DE BLESSURES OU INFIRMITÉS GRAVES ET INCURABLES 13,14, 15,16 et 17 de la loi du 18 avril 1831.)						MINIMUM ET MAXIMUM augmentés de 1,5 en sus. (Art. 11 de la loi du 18 avril 1831.)		PENSIONS aux veuves, secours annuels aux orphelins. (Art. 21 et 22 de la loi du 18 avril 1831.) — Quart du maximum de la pension affectée au grade.
Blessures ou infirmités qui occasionnent la perte absolue de l'usage d'un membre, ou qui y sont équivalentes. (Art. 16 de la loi du 18 avril 1831.)			Blessures ou infirmités moins graves qui mettent dans l'impossibilité de rester au service avant d'avoir accompli le temps exigé pour le droit à la pension d'ancienneté. (Art. 17 de la loi du 18 avril 1831.)					
Minimum.	Accroissement pour chaque année de service, y compris les campagnes.	Maximum à 10 ans de service campagnes comprises.	Minimum	Accroissement pour chaque année de service au delà de 25 ou 30 ans, suivant le corps, lorsque les campagnes cumulées avec les services effectifs, forment un total de 25 ou 30 ans.	Maximum à 45 ou 50 ans de service, suivant le corps, campagnes comprises.	Minimum.	Maximum.	
fr.	fr.	fr.	fr.	fr.	fr.	fr.	fr.	fr.
5 200	130	7 800	5 200	130	7 800	6 240	9 360	1 950
3 900	65	5 200	3 900	65	5 200	4 680	6 240	1 300
3 120	39	3 900	3 120	39	3 900	3 744	4 680	975
2 340	39	3 120	2 340	39	3 120	2 808	3 744	780
1 950	32	2 590	1 950	32	2 590	2 340	3 108	648
1 560	28	2 120	1 560	28	2 120	1 872	2 544	530
1 120	28	1 680	1 120	28	1 680	1 344	2 016	420
840	28	1 400	840	28	1 400	1 008	1 680	350
1 950	32	2 590	1 950	32	2 590	1 872	2 544	530
1 560	28	2 120	1 560	28	2 120	1 344	2 016	420
1 120	28	1 680	1 120	28	1 680			
3 900	65	5 200	3 900	65	5 200	4 680	6 240	1 300
3 900	65	5 200	3 900	65	5 200	4 680	6 240	1 300
3 120	39	3 900	3 120	39	3 900	3 744	4 680	975
2 340	39	3 120	2 340	39	3 120	2 808	3 744	780
1 560	28	2 120	1 560	28	2 120	1 872	2 544	530
1 120	28	1 680	1 120	28	1 680	1 344	2 016	420
840	28	1 400	840	28	1 400	1 008	1 680	350
3 900	65	5 200	3 900	65	5 200	4 680	6 240	1 300
3 120	39	3 900	3 120	39	3 900	3 744	4 680	975
1 950	32	2 590	1 650	32	2 590	2 340	3 108	648
1 560	28	2 120	1 560	28	2 120	1 872	2 544	530
1 120	28	1 680	1 120	28	1 680	1 344	2 016	420
3 900	65	5 200	3 900	65	5 200	4 680	6 240	1 300
3 120	39	3 900	3 120	39	3 900	3 744	4 680	975
1 950	32	2 590	1 950	32	2 590	2 340	3 108	648
1 950	32	2 590	1 950	32	2 590	»	»	648
1 560	28	2 120	1 560	28	2 120	»	»	530
1 120	28	1 680	1 120	28	1 680	»	»	420

GRADES.	PENSIONS DE RETRAITE pour ancienneté de service. (Art. 9 de la loi du 18 avril 1831.)			PENSIONS DE Art. 12.	
	Minimum à 25 ou 30 ans de service effectif, suivant le corps.	Accroissement pour chaque année de service effectif au delà de 25 ou 30 ans, suivant le corps, et pour chaque année résultant de la supputation des campagnes.	Maximum à 45 ou 50 ans de service, suivant le corps, campagnes comprises.	Amputation de deux membres ou perte totale de la vue. — Pension fixe, quelle que soit la durée des services.	Amputation d'un membre ou perte absolue de l'usage de deux membres. — Pension fixe, quelle que soit la durée des services.
Personnel des manutentions. Chef de manutention principal.....	1 950^f	32^f	2 590^f	3 108^f	2 590^f
Chef de manutention..............	1 550	28	2 120	2 544	2 120
Sous-chef de manutention..........	1 120	28	1 680	2 016	1 680
Personnel de la comptabilité des matières Agent comptable principal..........	1 950	32	2 590	3 108	2 590
Agent comptable..............	1 560	28	2 120	2 544	2 120
Sous-agent comptable..............	1 120	28	1 680	2 016	1 680
Service de santé. Inspecteur général du service de santé	3 900	65	5 200	6 240	5 200
Directeur du service de santé......	3 900	65	5 200	6 240	5 200
Premier officier de santé en chef ,	3 120	39	3 900	4 680	3 900
Second officier de santé en chef....	2 340	39	3 120	3 744	3 120
Officier de santé professeur, chirurgien principal.	1 950	32	2 590	3 108	2 590
Officier de santé de 1re classe......	1 560	28	2 120	2 544	2 120
Officier de santé de 2e classe......	1 120	28	1 680	2 016	1 680
Officier de santé de 3e classe......	840	28	1 400	1 680	1 400
Tribunaux maritimes. Commissaires rapporteurs à Brest, Toulon et Rochefort............	3 120	39	3 900	4 680	3 900
Commissaires rapporteurs à Cherbourg et Lorient..............	1 950	32	2 590	3 108	2 590
Greffiers à Brest, Toulon et Rochefort	1 560	28	2 120	2 544	2 120
Greffiers à Cherbourg et Lorient....	1 120	28	1 680	2 016	1 680
Aumôniers. Aumônier en chef...............	3 900	65	5 200	6 240	5 200
Aumônier.................	1 560	28	2 120	2 544	2 120
Examinateurs et professeurs. Examinateur des élèves de l'école navale et examinateur hydrographe	3 640	52	4 680	5 616	4 680
Professeur de 1re classe..........	2 340	39	3 120	3 744	3 120
Professeur de 2e classe..........	1 560	39	2 340	2 808	2 340
Professeurs de 3e et 4e classe......	1 120	28	1 680	2 016	1 680
Professeurs de dessin et professeurs des écoles de maistrance, des divisions et des mousses	1 120	28	1 680	2 016	1 680
Trésoriers des invalides. Trésorier général des invalides de la marine (1).................	3 900	65	5 200	6 240	5 200
Trésorier de 1re classe des invalides de la marine.................	1 950	32	2 590	3 108	2 590
Trésorier de 2e classe des invalides de la marine,.................	1 560	28	2 120	2 544	2 120
Trésoriers de 3e et 4e classe des invalides de la marine.............	1 120	28	1 680	2 016	1 680
Personnel des forges et fonderies. Conducteur p¹	1 120	28	1 680	2 016	1 680
Service colonial. Directeur de l'intérieur aux colonies	3 120	39	3 900	4 680	3 900
Secrétaire général des directions de l'intérieur	1 950	32	2 590	3 108	2 590

(1) Les trésoriers et leurs veuves restent passibles des lois et règlements relatifs aux comptables en débet, et notamment de la loi du 18 avril 1792.

| RETRAITE POUR CAUSE DE BLESSURES OU INFIRMITÉS GRAVES ET INCURABLES. (3, 14, 15, 16 et 17 de la loi du 18 avril 1831.) | | | | | | MINIMUM ET MAXIMUM augmentés de 1 5 en sus. (Art. 14 de la loi du 18 avril 1831.) | | PENSIONS aux veuves, secours annuels aux orphelins. (Art. 21 et 22 de la loi du 18 avril 1831). |
| Blessures ou infirmités qui occasionnent la perte absolue de l'usage d'un membre, ou qui y sont équivalentes. (Art. 16 de la loi du 18 avril 1831.) | | | Blessures ou infirmités moins graves qui mettent dans l'impossibilité de rester au service avant d'avoir accompli le temps exigé pour le droit à la pension d'ancienneté. Art. 17 de la loi du 18 avril 1831.) | | | | | |
Minimum.	Accroissement pour chaque année de service, y compris les campagnes.	Maximum À 50 ans de service, campagnes comprises.	Minimum	Accroissement pour chaque année de service au delà de 25 ou 30 ans, suivant le corps, lorsque les campagnes cumulées avec les services effectifs, forment un total de 25 ou 30 ans.	Maximum à 45 ou 50 ans de service, suivant le corps, campagnes comprises.	Minimum	Maximum.	Quart du maximum de la pension affectée au grade.
1950^f	32^f	2590^f	1950^f	32^f	2590^f	»^{f}	»^{f}	648^f
1560	28	2120	1560	28	2120	»	»	530
1120	28	1680	1120	28	1680	»	»	420
1950	32	2590	1950	32	2590	»	»	648
1560	28	2120	1560	28	2120	»	»	530
1120	28	1680	1120	28	1680	»	»	420
3900	65	5200	3900	65	5200	4680	6240	1300
3900	65	5200	3900	65	5200	4680	6240	1300
3120	39	3900	3120	39	3900	3744	4680	975
2340	39	3120	2340	39	3120	2808	3744	780
1950	32	2590	1950	32	2590	2340	3108	648
1560	28	2120	1560	28	2120	1872	2544	530
1120	28	1680	1120	28	1680	1344	2016	420
840	28	1400	840	28	1400	1008	1680	350
3120	39	3900	3120	39	3900	»	»	975
1950	32	2590	1950	32	2590	»	»	648
1560	28	2120	1560	28	2120	»	»	530
1120	28	1680	1120	28	1680	»	»	420
3900	65	5200	3900	65	5200	4680	6240	»
1560	28	2120	1560	28	2120	1872	2544	»
3640	52	4680	3640	52	4680	»	»	1170
2340	39	3120	2340	39	3120	»	»	780
1560	39	2340	1560	39	2340	»	»	585
1120	28	1680	1120	28	1680	»	»	420
1120	28	1680	1120	28	1680	»	»	420
3900	65	5200	3900	65	5200	»	»	1300
1950	32	2590	1950	32	2590	»	»	648
1560	28	2120	1560	28	2120	»	»	530
1120	28	1680	1120	28	1680	»	»	420
1120	28	1680	1120	28	1680	1344	2016	420
3120	39	3900	3120	39	3900	»	»	975
1950	32	2590	1950	32	2590	»	»	648

GRADES.	PENSIONS DE RETRAITE pour ancienneté de service. (Art. 9 de la loi du 18 avril 1831.)			PENSIONS Art. 1	
	Minimum à 25 ou 30 ans de service effectif, suivant le corps.	Accroissement pour chaque année de service effectif au delà de 25 ou 30 ans, suivant le corps, et pour chaque année résultant de la supputation des campagnes.	Maximum à 45 ou 50 ans de service, suivant le corps, campagnes comprises.	Amputation de deux membres ou perte totale de la vue. Pension fixe, quelle que soit la durée des services.	Amputation d'un membre ou perte absolue de l'usage de deux membres. Pension fixe, quelle que soit la durée des services.
Service colonial. (Suite). Chef de bureau de 1re classe des directions de l'intérieur	1 950f	32f	2 590f	3 108f	2 590f
Chef de bureau de 2e classe	1 560	28	2 120	2 544	2 120
Sous-chef de bureau de 1re classe des directions de l'intérieur	1 560	28	2 120	2 544	2 120
Sous-chef de bureau de 2e classe des directions de l'intérieur	1 120	28	1 680	2 016	1 680
Chefs de service à Chandernagor et Karikal	3 120	39	3 900	4 680	3 900
Chefs de service à Yanaon et Mahé	1 950	32	2 590	3 108	2 590
Chef de l'imprimerie du gouvernement de 1re classe	1 560	28	2 120	2 544	2 120
Chef de l'imprimerie du gouvernement de 2e classe	1 120	28	1 680	2 016	1 680
Ecclésiastique des colonies au traitement d'Europe de 4,000f et au-dessus	3 120	39	3 900	4 680	3 900
Ecclésiastique des colonies au traitement d'Europe de 3,000 à 3,999 fr.	1 950	32	2 590	3 108	2 590
Ecclésiastique des colonies au traitement d'Europe de 2,000 à 2,999 fr.	1 560	28	2 120	2 544	2 120
Ecclésiastique des colonies à un traitement d'Europe inférieur à 2,000 fr.	1 120	28	1 680	2 016	1 680
IIe SECTION. AGENTS AU-DESSOUS DU GRADE D'OFFICIER.					
Divers services. Commis de marine	900	25	1 400	1 820	1 400
Commis des divers services et dessinateur	900	25	1 400	1 820	1 400
Ecrivain des divers services à 600f et au-dessus	415	7.50	565	735	565
Ecrivain au-dessous de 600 francs	365	6	505	657	505
Premier maître mécanicien, embarquant, maître entretenu et conducteur de travaux à 1,500 francs et au-dessus	840	28	1 400	1 820	1 400
Premier maître, capitaine d'armes des équipages de la flotte, de 1re et de 2e classe, maître entretenu et conducteur de travaux au-dessous de 1,500 francs	700	14	980	1 274	980
Contre-maître des professions inscrites	415	7.50	565	735	565
Aide-contre-maître des professions inscrites	385	6	505	657	505
Ouvrier et apprenti des professions inscrites	365	5	465	605	465
Magasinier du corps des comptables à 1,500 f. et au-dessus	840	28	1 400	1 820	1 400
Magasinier du corps des comptables au-dessous de 1,500 francs	700	14	980	1 274	980
Préposé de dépôt et distributeur du corps des comptables	415	7	565	735	565

RETRAITE POUR CAUSE DE BLESSURES OU INFIRMITÉS GRAVES ET INCURABLES. (13, 14, 15, 16 et 17 de la loi du 18 avril 1831.)						MINIMUM ET MAXIMUM augmentés de 1,5 en sus. (Art. 11 de la loi du 18 avril 1831.)		PENSIONS aux veuves, secours annuels aux orphelins (Art. 21 et 22 de la loi du 18 avril 1831.)
Blessures ou infirmités qui occasionnent la perte absolue de l'usage d'un membre, ou qui y sont équivalentes. Art. 16 de la loi du 18 avril 1831.)			Blessures ou infirmités moins graves qui mettent dans l'impossibilité de rester en service avant d'avoir accompli le temps exigé pour le droit à la pension d'ancienneté. (Art. 17 de la loi du 18 avril 1831.)					
Minimum.	Accroissement pour chaque année de service, y compris les campagnes.	Maximum à 40 ans de service, campagnes comprises.	Minimum.	Accroissement pour chaque année de service en au delà de 25 ou 30 ans, suivant le corps, lorsque les campagnes comptées avec les services effectifs, forment un total de 25 ou 30 ans.	Maximum à 45 ou 50 ans de service, suivant le corps, campagnes comprises.	Minimum.	Maximum.	Quart du maximum de la pension affectée au grade.
1 950	32	2 590	1 950	32	2 590	»	»	615
1 560	28	2 120	1 560	28	2 120	»	»	530
1 560	28	2 120	1 560	28	2 120	»	»	530
1 120	28	1 680	1 120	28.05	1 680	»	»	420
3 120	39	3 900	3 120	39	3 900	»	»	975
1 950	32	2 590	1 950	32	2 590	»	»	648
1 560	28	2 120	1 560	28	2 120	»	»	530
1 120	28	1 680	1 120	28	1 680	»	»	420
3 120	39	3 900	3 120	39	3 900	»	»	»
1 950	32	2 590	1 950	32	2 590	»	»	»
1 560	28	2 120	1 560	28	2 120	»	»	»
1 120	28	1 680	1 120	28	1 680	»	»	»
900	25	1 400	900	25	400	1 080	1 680	350
900	25	1 400	900	25	1 400	»	»	350
415	7.50	565	415	7.50	565	»	»	141
385	6	505	385	6	505	»	»	126
840	28	1 400	840	28	1 400	1 008	1 680	350
700	14	980	700	14	980	840	1 176	245
415	7.50	565	415	7.50	565	498	678	141
385	6	505	385	6	505	462	606	126
365	5	465	365	5	465	»	»	116
840	28	1 400	840	28	1 400	»	»	350
700	14	980	700	14	980	»	»	245
415	7.50	565	415	7.50	565	»	»	141

TARIF DES PENSIONS DES MARINS
QUI CONTINUENT DE RECEVOIR L'APPLICATION

GRADES.	PENSIONS DE RETRAITE pour ancienneté de service (Art. 9 de la loi du 19 avril 1831.)			PENSIONS DE RETRAITE (Art. 12, 13, 14, 15, 16 et 17)	
	Minimum à 25 ans de service effectif	Accroissement pour chaque année de service effectif au delà de 25 ans. et pour chaque année résultant de la supputation des campagnes	Maximum à 45 ans de service, campagnes comprises	Amputation de deux membres ou perte totale de la vue. — Pension fixe, quelle que soit la durée des services	Amputation d'un membre ou perte absolue de l'usage de deux membres. — Pension fixe, quelle que soit la durée des services
	fr.	fr.	fr.	fr.	fr.
Maître et sergent-major des équipages de la flotte....	665	10.00	865	1125	865
Deuxième maître, sergent d'armes et sergent-fourrier des équipages de la flotte..............	415	7.50	565	735	565
Quartier-maître, caporal d'armes et caporal-fourrier des équipages de la flotte...............	385	6.00	505	657	505
Matelot, fourrier ordinaire, novice, apprenti marin et mousse.............................	365	5.00	465	605	465
Chef de musique de bord......................	665	10.00	865	1125	865
Deuxième chef de musique....................	415	7.50	565	735	565
Musicien...................................	365	5.00	465	605	465
Pilote côtier...............................	665	10.00	865	1125	865
Maître tambour, maître clairon, maître tailleur	415	7.50	565	735	565
Infirmier chef..............................	665	10.00	865	1125	865
Infirmier-major de 1re classe.................	415	7.50	565	735	565
Infirmier-major de 2e classe.................	385	6.00	505	657	505
Infirmier ordinaire..........................	365	5.00	465	605	465
Maître mécanicien..........................	665	10.00	865	1125	865
Deuxième maître et contre-maître mécanicien........	415	7.50	565	735	565
Quartier-maître mécanicien...................	385	6.00	505	657	505
Chauffeur	365	5.00	465	605	465
Magasinier embarquant, à 78 francs et au-dessus.....	665	10.00	865	1125	865
Magasinier embarquant, à la solde de deuxième maître.	415	7.50	565	735	565
Magasinier embarquant, à la solde de quartier maître	385	6.00	505	657	505
Premier commis aux vivres...................	665	10.00	865	1125	865
Deuxième commis aux vivres..................	415	7.50	565	735	565
Distributeur, tonnelier, boulanger et coq...........	385	6.00	505	657	505
Forgeron et chaudronnier embarquant...........	415	7.50	565	735	565
Agent de service embarquant, payé par l'État........	385	6.00	505	657	505
Adjudant sous-officier des chiourmes.............	765	20.00	1165	1515	1165
Sous-adjudant des chiourmes..................	665	10.00	865	1125	865
Surveillant de 1re classe des établissements pénitentiaires	765	20.00	1165	1515	1165
Surveillant de 2e classe des établissements pénitentiaires..................	665	10.00	865	1125	865
Surveillant de 3e classe des établissements pénitentiaires..........................	415	7.50	565	735	565

ET ASSIMILÉS AU-DESSOUS DU GRADE D'OFFICIER,
DE LA LOI DU 18 AVRIL 1831, COMBINÉE AVEC CELLE DU 24 JUIN 1856.

POUR CAUSE DE BLESSURES OU INFIRMITÉS GRAVES ET INCURABLES. de la loi du 18 avril 1831, avec l'augmentation de 30 pour 100, résultant de l'article 14 de la loi du 26 juin 1861.)						MINIMUM ET MAXIMA augmentés du cinquième en sus (Art. 11 de la loi du 18 avril 1831.)			PENSIONS aux veuves, secours annuels aux orphelins (Art. 21 et 22 de la loi du 18 avril 1831 — Quart du maximum de la pension affectée au grade.
Blessures ou infirmités qui occasionnent la perte absolue de l'usage d'un membre ou qui y sont équivalentes. (Art. 16 de la loi du 18 avril 1831.)			Blessures ou infirmités moins graves qui mettent dans l'impossibilité de rester au service avant d'avoir accompli le temps exigé pour avoir droit à la pension d'ancienneté. (Art. 17 de la loi du 18 avril 1831.)					Maximum dans le cas d'amputation de deux membres ou de perte totale de la vue.	
Minimum.	Accroissement pour chaque année de service y compris les campagnes.	Maximum à 20 ans de service, campagnes comprises.	Minimum.	Accroissement pour chaque année de service au delà de 25 ans, lorsque les campagnes, cumulées avec les services effectifs, forment un total de 25 ans.	Maximum à 45 ans de service campagnes comprises.	Minimum.	Maximum.		
fr.	fr.	fr	fr.	fr.	fr	fr.	fr.	fr.	fr.
665	10.00	865	665	10.00	865	798	1 038	1 350	216
415	7.50	565	415	7.50	565	498	678	882	141
385	6.00	505	385	6.00	505	462	606	788	126
365	5.00	465	365	5.00	465	»	»	»	116
665	10.00	865	665	10.00	865	798	1 038	1 350	216
415	7.50	565	415	7.50	565	498	678	882	141
365	5.00	465	365	5.00	465	»	»	»	116
665	10.00	865	665	10.00	865	798	1 038	1 350	216
415	7.50	565	415	7.50	565	498	678	882	141
665	10.00	865	665	10.00	865	798	1 038	1 350	216
415	7.50	565	415	7.50	565	498	678	882	141
385	6.00	505	385	6.00	505	462	606	788	126
365	5.00	465	365	5.00	465	»	»	»	116
665	10.00	865	665	10.00	865	798	1 038	1 350	216
415	7.50	565	415	7.50	565	498	678	882	141
385	6.00	505	385	6.00	505	462	606	788	126
365	5.00	465	365	5.00	465	»	»	»	116
665	10.00	865	665	10.00	865	798	1 038	1 350	218
415	7.50	565	415	7.50	565	498	678	882	141
385	6.00	505	385	6.00	505	462	606	788	126
665	10.00	865	665	10.00	865	798	1 038	1 350	216
415	7.50	565	415	7.50	565	498	678	882	141
385	6.00	505	385	6.00	505	462	606	788	126
415	7.50	565	415	7.50	565	498	678	882	141
385	6.00	505	385	6.00	505	462	606	788	126
765	20.00	1 165	765	20.00	1 165	918	1 398	1 818	291
665	10.00	865	665	10.00	865	798	1 038	1 350	216
765	20.00	1 165	765	20.00	1 165	918	1 398	1 818	291
665	10.00	865	665	10.00	865	798	1 038	1 350	216
	7.50	565	415	7.50	565	498	678	882	141

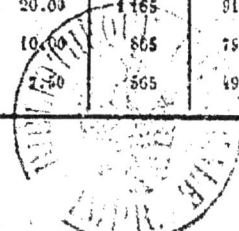

PARIS. — IMPRIMERIE DE CH. LAHURE ET Cᵉ
Rues de Fleurus, 9, et de l'Ouest, 21

La **Revue maritime et coloniale** paraît tous les mois.

On s'abonne chez M. CHALLAMEL aîné, libraire-commission-
naire pour les Colonies, l'Algérie et l'Orient, 30, rue des
Boulangers.

PRIX DE L'ABONNEMENT.

Pour la France et pour l'Algérie, 25 francs ; — pour les Colonies
françaises, 35 francs ; — pour l'Étranger, *les frais de poste
en sus.*

Les abonnements se prennent pour un an, à partir
du 1ᵉʳ janvier.

Paris. — Imprimerie de Ch. Lahure et Cie, rues de Fleurus, 9, et de l'Ouest, 21.

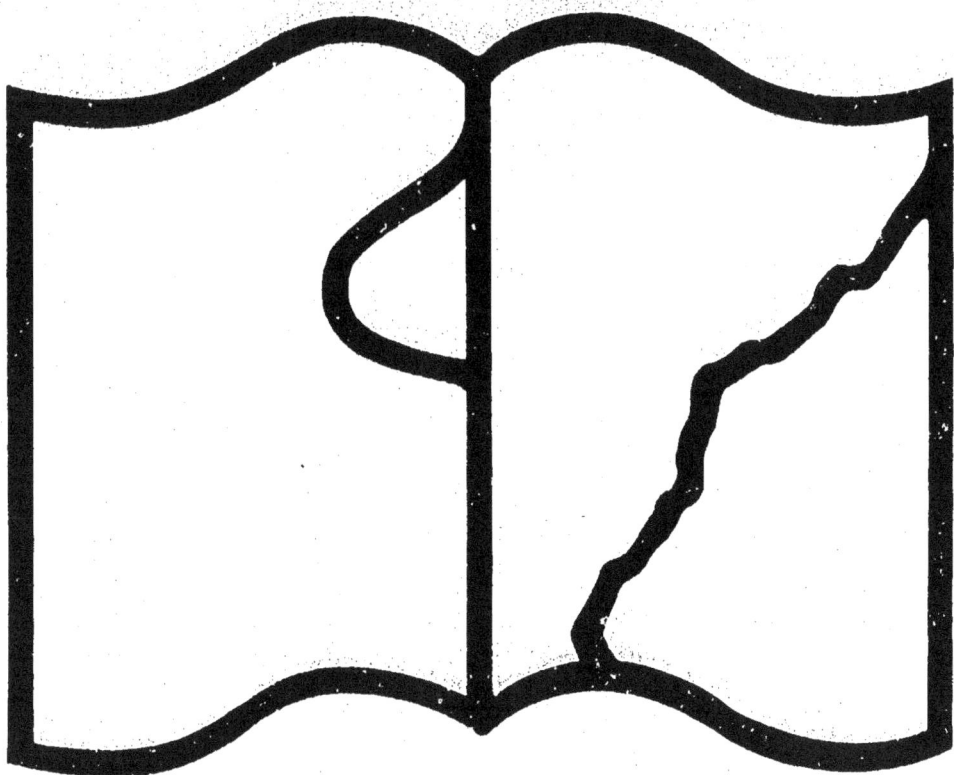

Texte détérioré — reliure défectueuse

NF Z 43-120-11

Contracts insuffisant

www.ingramcontent.com/pod-product-compliance
Lightning Source LLC
Chambersburg PA
CBHW071518200326
41519CB00019B/5979